웹 접근성 프로젝트 시작하기
Let's Start: Web Accessibility Project

웹 접근성 프로젝트 시작하기
Let's Start: Web Accessibility Project

지은이 박태준, 조진주, 김한솔
테크니컬 에디터 이인실, 김붕미, 김지현, 박춘권, 원혜정, 유영경, 장주혜
펴낸이 박찬규 엮은이 이대엽 디자인 북누리 표지디자인 아로와 & 아로와나

펴낸곳 위키북스 전화 031-955-3658, 3659 팩스 031-955-3660
주소 경기도 파주시 교하읍 문발리 파주출판도시 535-7 세종출판벤처타운 #311

가격 18,000 페이지 304 책규격 152 x 210 x 17mm

초판 발행 2013년 01월 11일 2쇄 발행 2013년 06월 25일
ISBN 978-89-98139-10-0 (93000)

등록번호 제406-2006-000036호 등록일자 2006년 05월 19일
홈페이지 wikibook.co.kr 전자우편 wikibook@wikibook.co.kr

이 책의 한국어판 저작권은 저작권자와의 독점 계약으로 위키북스가 소유합니다.
신 저작권법에 의해 한국 내에서 보호를 받는 저작물이므로 무단 전재와 복제를 금합니다.
이 책의 내용에 대한 추가 지원과 문의는 위키북스 출판사 홈페이지 wikibook.co.kr이나
이메일 wikibook@wikibook.co.kr을 이용해 주세요.

이 도서의 국립중앙도서관 출판시도서목록 CIP는
e-CIP 홈페이지 http://www.nl.go.kr/cip.php에서 이용하실 수 있습니다.
CIP제어번호 2012006123

웹 접근성 프로젝트 시작하기
Let's Start: Web Accessibility Project 박태준, 조진주, 김한솔 지음

추천사 1

웹 접근성 프로젝트를 진행하다 보면 꼭 듣는 질문이 있습니다.

"아무도 안 쓸 것 같은데 꼭 해야 하나요?"

"장애가 없는 사람들을 지원하기도 바쁜데 나중에 하면 안 되나요?"

그럴 때마다 프로젝트 담당자들은 의기소침해지고 스스로도 의구심이 들기도 하지만 누군가는 해야 할 일이기에 다시 마음을 추스리고 최선을 다해 설득합니다.

접근성을 해결하는 당위성에 대한 이야기는 매우 어려운 주제입니다. 접근성 문제를 다루는 것이 꼭 장애를 가진 사람들에게 솔루션을 제공하는 것만은 아닙니다. 그것은 다양성에 대한 이해이며 배려입니다. 하지만 우리 사회는 경제 발전이라는 기치 아래 상호 경쟁을 심화시키는 것에 몰두했으며 다수를 위해 소수의 희생을 강요하고 차이를 차별해왔습니다. 그러기에 우리는 차이를 구분 짓기에 익숙하며 나와 다른 것은 접혀 상관없는 일로 배척합니다.

꽤 오래 전 대학을 졸업하고 처음으로 미국 여행을 간 적이 있습니다. 이국적인 풍경에 마냥 신기해 하며 이곳저곳을 돌아다니다가 버스를 탔는데 제가 탈 때는 평범하던 버스가 거동이 불편하신 어르신께서 타실 때 바퀴가 내려 앉았습니다. 입구 쪽 발판이 땅에 가까워지며 지팡이를 짚은 어르신께서 손쉽게 오르시는 모습을 보고 '아, 이런 배려가 기본인 세상도 있구나'하며 충격을 받았습니다. 또한 우리는 놀이동산에서 휠체어를 탄 분들을 만나기가 어렵지만 디즈니랜드에서는 그리 드문 일이 아닙니다.

생활 속에서 이 같은 경험을 할 수 있는 환경에서 자란 사람들과 배려를 논하는 것은 쉬운 일입니다. 어떻게 잘 할 것인가에 대한 고민만 있지 왜 해야 하는가에 대한 문제를 논할 필요가 없기 때문입니다. 하지만 실제로 우리는

추천사 1

장애로 인해 불편함을 겪고 있는 분들의 삶을 고려해 본 적이 거의 없기에 접근성을 이야기할 때 원론적인 이야기부터 출발해야 하는 것입니다. 그러므로 머리로는 이해한다고 하지만 몸이 따르지 않는, 실천하기 어려운 상황만 반복하게 됩니다.

단군신화에 나오는 홍익인간의 이념은 널리 인간을 이롭게 하는 것입니다. 결국 우리의 근본도 더불어 잘 살 수 있는 세상을 만들고자 한 것입니다. 지금 우리나라도 점차 다양성을 존중하는 사회로 발전하고 있습니다. 하지만 아직 부족한 점이 많습니다. 여기서 멈추지 않고 앞으로 더 나은 세상이 되길 바라며 이 책의 이야기를 실천해 주시면 좋겠습니다. 다음은 가름이 되어서는 안 됩니다.

NHN UIT 센터
이사 양주일

추천사 2

최근 몇 년 사이에 우리 사회의 두 가지 큰 화두는 바로 '지속성(sustainability)'과 '보편성(universality)'입니다. '지속성'은 자연 및 환경 진화를, '보편성'은 차별 없는 일반성을 의미합니다. 이러한 개념을 과거 우리 사회에서 들을 수 없었던 이유는 가난한 국가에서 모든 것에 우선하는 가치는 경제적 성장일 수밖에 없기 때문일 것입니다. 대한민국은 경제적 성장에 성공한 국가로 세계가 인정하고 있으며 특히 정보통신 분야에서는 둘째가라면 서러워할 정도의 강국이 되었습니다. 그러나 정보통신 서비스에 대한 보편성, 지속성은 매우 늦은 감이 있습니다.

정보통신 서비스에 대한 보편성과 지속성은 2001년 제정된 '정보격차해소에 관한 법률'이 정보통신부가 주체가 되어 종합계획을 수립하여 추진하다가, 현 정부가 들어서면서 정보통신부가 해체되고 행정안전부에서 '국가정보화 기본법'에 통합되어 추진되었습니다. 또한 2007년에 제정된 '장애인차별금지 및 권리구제 등에 관한 법률'의 2012년 개정을 통해 민간 서비스에서의 차별 금지를 2013년 4월 23일부터 강제화하기에 이르렀습니다.

늦은 감이 있으나 NHN의 포털, 게임 등의 서비스에 적용할 수 있는 이 웹 접근성 개발 지침이 정립된 것을 기쁘게 생각합니다. 이 지침서는 NHN에서 서비스할 모든 분야에서 지속 가능한 보편적 설계, 개발 및 서비스 운영 지침으로 발전해야 할 것입니다. NHN은 우리나라의 정보서비스 시장에서 최고의 경쟁력을 가진 기업입니다. 1980년대 초에 메모리 반도체의 개발을 국가 주도로 시작했으나 지금은 우리나라의 민간 기업이 세계의 관련 표준과 기술 및 시장을 선도하고 있는 것과 같이, 지속성과 보편성을 가진 미래의 정보통신 환경 및 서비스 분야의 기술 및 표준을 선도하고 확산하는 NHN이 될 것을 기대합니다.

추천사 2

노령화 사회 및 선진 사회일수록 장애 인구는 증가합니다. 이미 일본은 인구의 26% 이상이 노령화로 인한 다양한 장애를 가지고 있습니다. 이는 향후 정보통신 서비스의 대상, 즉 시장의 확대는 바로 이 책에서 실현하고자 하는 보편적 설계를 통한 접근성의 확보가 필수임을 의미합니다. 향후, NHN이 정보통신 서비스 분야에서 지속 가능한 보편성의 확보를 위한 지속적인 투자와 관심을 가질 것이라고 희망하면서 추천의 말을 마칩니다.

2012년 12월 5일
한국HCI학회 QoLT(Quality of Life Technology) 연구회 회장
성신여자대학교 IT학부 교수
홍기형

추천사 3

이 책을 통해 장애인을 이해하고 웹 접근성을 보장한다면 모든 사람이 동등하고 편리하게 웹 서비스를 이용할 수 있다는 기대를 하게 되었습니다. 특히 3부에서 다루는 다양한 콘텐츠의 접근성 이야기는 한 줄기 빛과 같은 희망을 갖게 해주었습니다.

보는 것 위주의 서비스

스크린리더가 널리 보급되면서 동영상의 자막을 통해 글자를 보기 힘든 시각 장애인이 영화나 애니메이션을 볼 수 있는 환경이 되었습니다. 웹툰도 비슷하다고 생각합니다. 지금 당장 접근성을 완벽하게 보장하는 것은 어렵지만 접근성이 보장되는 날이 온다면 또 하나의 취미를 가질 수 있을 것입니다.

모바일 서비스

모바일의 접근성도 매우 중요합니다. 스마트폰이 등장하기 전에는 모바일 기기에서 스크린리더를 제공하지 않아 다른 사람의 도움을 받거나 모든 메뉴를 외워서 사용해야 하는 어려움이 있었습니다. 지금은 아이폰의 보이스오버나 안드로이드의 톡백과 같은 스크린리더를 활용해 스스로의 힘으로 스마트폰을 조작할 수 있습니다.

게임 서비스

게임도 예외는 아닙니다. 스타크래프트를 즐겼던 한 시각 장애인이 화제가 된 적이 있었지만 이것은 매우 제한적인 상황입니다. 시각 장애인은 스크린리더 제작사에서 제공하거나 장애인 커뮤니티에서 공유되고 있는 한정된 게임을 이용하고 있습니다. 시각 장애인들이 비장애인과 함께 게임을 한다는 것은 쉬운 일이 아니겠지만 게임에 대한 정보를 얻고, 대화에 동참하는 환경을 조성하는 것 또한 좋은 일이라고 생각합니다. 올해 초, 웹으로 제작된 게임의 접근성을 모니터링한 적이 있습니다. 뭔가 될 듯 하면서도 결국에는 게임을 하지 못해 아쉬웠습니다. 조금만 더 기다린다면 그 게임을 할 수 있는 날이 오겠지요.

명도 대비와 색상

시각 장애인의 눈은 한마디로 정의하기가 어렵습니다. 아무것도 보이지 않는 전맹이 있고, 빛을 볼 수 있는 사람이 있습니다. 저시력의 유형도 형체를 알아보는 사람, 시야가 좁거나 시야의 양 끝만 볼 수 있는 사람, 작은 글씨만 보이거나 큰 글씨만 보이는 사람 등 다양합니다. 이러한 상황에서 최소한의 명도 대비를 제공한다는 것은 저시력 사용자에게 가장 기본적인 접근성을 보장하는 것입니다. 화면 확대를 하더라도 명도 대비가 크지 않으면 중요한 콘텐츠를 지나쳐서 여러 번 다시 확인해야 하거나 다른 사람의 도움을 받는 일이 종종 생기기 때문입니다.

웹 접근성을 보장하는 것이 어렵고, 힘든 일이라는 생각도 듭니다. 그러나 작은 일에, 조금만이라도 노력을 기울인다면 많은 사람이 행복할 수 있습니다. 이 책에서 다루고 있는 내용이 다양한 웹 서비스에 적용되어 장애인들도 웹 서비스를 편리하게 이용하는 날이 오길 바랍니다.

2012년 11월 27일
엔비전스 웹 접근성 UT(Usability Test)팀

머리말

샌프란시스코에 갔을 때 한 음식점에서 휠체어 사용자와 함께 식사를 할 수 있도록 고안한 테이블을 본 적이 있습니다. 일상 생활의 세세한 부분까지 접근성을 고려한 모습을 보며 내심 부러웠고, 때마침 웹 접근성 프로젝트를 맡아 진행하던 시기여서 웹 접근성을 제대로 해보자라는 다짐을 한 계기이기도 했습니다.

흔히들 우리나라를 IT 정보통신 강국이라고 합니다. 비장애인의 인터넷 활용 수준과 네트워크 속도는 세계 최고라고 할 수 있습니다. 하지만 웹 접근성에 대한 인식과 대비는 정보통신 강국이라는 명성에 맞지 않을 만큼 반성이 필요한 수준입니다. 어쩌면 너무 좋은 인프라를 갑자기 갖게 되어 열악하거나 소외되는 환경을 전혀 고려하지 않는 모순이 생긴 것은 아닐까 생각해 봅니다.

관심 밖이었던 웹 접근성은 어느덧 규제대응(Compliance Risk) 측면에서 꼭 대응해야 하는 이슈로 나가왔습니다. 일반 상식처럼 웹 접근싱 기술 이전에, 인식 변화와 저변 확대와 같은 의식이 먼저 고취돼야 하는 순서가 필요했지만 준비가 덜 된 탓에 민간 기업에서는 기술을 먼저 접해야 하는 비합리적인 흐름이 되어 버렸습니다. 결국 어렵고 많기만 한 웹 접근성을 갑자기 적용한다는 것이 너무 어렵게 되어 버린 것이 지금의 현실입니다.

주변 상황만을 탓하며 손 놓고만 있기에는 다양성을 사는 이 세대에 그 의미와 필요성은 너무나 큽니다. 이제라도 준비해 대응해야 하지만, 당장 해야 하는 것들이 즐비하기에 서둘러 진행하면서 놓치는 것들이 많았습니다. 그리고 그것은 이 책을 쓰게 된 동기이기도 합니다.

머리말

현재 NHN에서는 회사 전체적으로 서비스 대상의 확산 과제로 웹 접근성 프로젝트를 총 5단계로 나눈 프로세스로 진행하고 있습니다. (1) 웹 접근성 의식 고취, (2) 웹 접근성 기술/역량 내재화, (3) 서비스별 진행, (4) 기술 및 자동화 도구 지원, (5) 웹 접근성 검수와 같은 단계적 개발 프로세스를 구축했고, 이를 서비스에 적용한 경험을 바탕으로 웹 접근성 적용에 필요한 사항을 자산화했습니다.

더 많은 연구와 시간이 필요한 웹 접근성은 관련 기술과 정책이 현재 진행 중인 만큼, 이 서적에서 다루지 못한 내용과 기술 사항이 많을 수 있습니다. 하지만 NHN의 역량과 경험을 바탕으로 선제적으로 잘 대응하는 경우도 많습니다. 다만 NHN에서 겪었던 어려움과 과정을 누군가 겪어야 한다면 이 책을 통해 시행착오를 줄이는 데 도움이 됐으면 합니다. 나아가 국내의 이러한 웹 접근성 활동은 이미 접근성 의식 수준과 정책이 일반 상식으로 자리잡은 글로벌 시장 진출의 필수 요소임을 이해함으로써 기업의 경쟁력을 더하는 기회까지 확대되길 기대합니다.

촉박한 일정으로 짜인 집필 기획에도 잘 따라와 책을 완성해준 진주, 한솔 그리고 늘 웃으며 도와주신 이인실 차장님과 위키북스 박찬규 대표님께 감사드리며, 웹 접근성 프로젝트와 이 책의 출판에 아낌없는 응원과 지원을 해 주신 김정민 CTO님, 양주일 이사님, 안성준 실장님께 다시 한번 감사드립니다.

감사합니다.

2012년 12월 14일
박태준

이 책의 구성

이 책은 웹 사이트의 접근성을 보장하기 위한 절차에 따라 총 3부로 구성했다.

1부: 준비 단계

가장 먼저 준비해야 하는 것은 웹 접근성이 무엇이고 왜 보장해야 하는가를 이해하는 것이다. 단순히 장애인에게만 영향을 주는 것이 아니라 다양한 범위에 걸쳐 있는 접근성의 이점을 제시한다. 그다음으로 웹 사이트를 제작하는 사람들이 담당할 역할을 분담하는 것이다. 웹 접근성을 효율적으로 보장할 수 있게 네 가지로 역할을 나눠서 각자가 집중할 것을 설명한다. 마지막으로 2부의 검증 단계에서는 필요한 도구를 설치하는 것으로 준비 단계를 마무리하는 방법을 제공한다.

2부: 적용과 검증 단계

이 단계에서는 웹 접근성을 보장하기 위해 반드시 숙지해야 할 8개의 지침을 소개한다.

1. 대체 콘텐츠를 제공한다.
2. 특정 환경에서도 정보 손실이 없게 한다.
3. 읽고 이해하기 쉬운 환경을 제공한다.
4. 충분한 시간을 보장한다.
5. 발작을 유발하지 않는다.
6. 키보드 접근성을 보장한다.
7. 쉽고 빠른 탐색 환경을 제공한다.
8. 사용자 오류를 예방한다.

8개의 지침은 조금 더 상세한 24개의 체크리스트로 나뉘며 각 체크리스트에는 이해를 돕기 위해 관련 장애 환경과 1부에서 소개한 담당 역할을 표기했다.

장애 환경 아이콘

담당 역할 아이콘

또 다양한 콘텐츠 유형에 따른 웹 접근성 보장 방법을 '접근성이 좋아요', '접근성이 부족해요'로 나누어 설명하며, 마지막에는 웹 접근성이 제대로 보장됐는지 확인할 수 있는 검증 방법을 소개한다.

웹 접근성 실무를 담당하고 있다면 다른 부분과 달리 2부는 계속 참고하게 될 것이다. 이 책의 부록으로 제공하는 PANDA(Project AND Accessibility) 체크리스트를 활용하면 좀 더 쉽게 원하는 항목을 찾을 수 있다.

3부: 문제 해결 단계

2부를 참고해서 아무리 완벽하게 웹 접근성을 보장하더라도 여러 가지 의문이 생기기 마련이다. 3부에서는 NHN 실무자들이 궁금해했던 FAQ를 중심으로 웹 접근성 적용 범위 및 수학 공식처럼 딱 맞아떨어지지 않는 애매한 웹 접근성 문제를 다룬다. 또한 비장애인이 가장 이해하기 어려운 스크린리더 사용 환경과 테스트 방법을 설명한다.

1부 준비
웹 접근성을 준비하는 우리의 자세

의식 전환
01 _ 웹 접근성이란? ··· 22
02 _ 웹 접근성, 왜 보장해야 하나? ····················· 28

역할 나누기
03 _ 팀 플레이로 두려움 극복하기 ····················· 32
04 _ UX 디자이너 ·· 34
05 _ UI 디자이너 ··· 36
06 _ 마크업 개발자 ·· 38
07 _ Ajax/웹 개발자 ··· 40

검사 도구
08 _ N-WAX ··· 42
09 _ 웹 브라우저 개발자 도구 ··························· 46

10 _ UIA Verify ··· 50
11 _ PEAT ·· 52
12 _ Contrast Ratio ··· 56
13 _ 스크린 리더 ··· 60

2부 적용과 검증
웹 콘텐츠의 접근성을 보장하기 위한 방법과 검증을 한 번에 해결

대체 콘텐츠 제공하기
14 _ 그래픽 콘텐츠에 대체 텍스트 제공하기 ······························ 66
15 _ 영상, 음성 콘텐츠에 자막이나 원고 또는 수화 제공하기 ········ 82
16 _ 캡차에 대체 수단 제공하기 ·· 90

특정 환경에서도 정보 손실이 없게 하기
17 _ 색상, 크기, 방향, 위치, 음향 효과만으로 정보 전달하지 않기 ····· 94
18 _ 웹 문서에 문법 오류 없게 하기 ··· 102

차례

19 _ 표 바르게 지정하기·······································108

20 _ 논리적인 순서 보장하기·································116

읽고 이해하기 쉬운 환경 제공하기

21 _ 주 사용 언어 명시하기···································124

22 _ 3초 이상 자동 재생되는 음성 제어하기·············128

23 _ 콘텐츠와 배경의 명도 대비가 4.5:1 이상 되게 하기 ·········132

충분한 시간 보장하기

24 _ 시간 제한이 있는 콘텐츠 사전에 공지하기·········138

25 _ 자동으로 갱신되는 콘텐츠 제어하기···············146

발작을 유발하지 않기

26 _ 1초에 3회 이상 번쩍이거나 깜박이는
     콘텐츠 제공하지 않기································152

키보드 접근성 보장하기

27 _ 마우스를 사용하는 기능을 키보드로도 실행할 수 있게 하기 ····158

28 _ 키보드 포커스를 논리적으로 이동하게 하기 ·····················170

29 _ 키보드 포커스를 화면에 표시하기 ································178

쉽고 빠른 탐색 환경 제공하기

30 _ 웹 페이지의 제목 지정하기 ·······································184

31 _ 프레임에 제목 지정하기 ···190

32 _ 콘텐츠 블록에 제목 지정하기 ····································194

33 _ 건너뛰기 링크 지정하기 ···198

34 _ 명확한 링크 텍스트 지정하기 ····································202

사용자 오류 예방하기

35 _ 사용자가 의도하지 않은 기능은 실행되지 않게 하기 ···········208

36 _ 입력 서식에 레이블 지정하기 ····································216

37 _ 입력 오류를 인지하고 수정할 수 있게 하기 ·····················222

3부 문제 해결
가이드에는 없는,
실질적인 문제들에 대한 속 시원한 해결책!

접근성, 어디까지 보장해야 할까?
    38 _ 시각 기반의 서비스, 지도와 웹툰 ·················230
    39 _ 모바일 서비스도 예외는 아니다 ····················234
    40 _ 웹 애플리케이션도 접근성을 제공할 수 있을까? ·········238
    41 _ 재미있는 게임, 다 같이 즐길 수 있을까? ···············242
    42 _ 제휴 콘텐츠와 UGC는 접근성을 보장할 수 없다? ·········244

이게 맞을까, 저게 맞을까?
    43 _ 섬네일의 대체 텍스트는 어떻게 제공하는 것이
         좋을까? ···246
    44 _ 시각 장애 환경에서도 그래프를 쉽게 인식할 수
         있을까? ···250

45 _ 실시간으로 갱신되는 콘텐츠를 장애 환경에서도
　　　정확하게 제공하려면? ··254

46 _ 명도 대비와 정보 성격에 맞는 색상,
　　　두 마리 토끼를 잡을 수는 없는 걸까? ·······················256

47 _ 플래시도 스크린 리더나 키보드 접근이 가능할까? ············260

시각 장애인은 어떻게 웹을 탐색할까?

48 _ 시각 장애인이 인식하는 웹 콘텐츠는 과연 어떤
　　　형태일까? ···264

49 _ 시각 장애인이 원하는 콘텐츠에 쉽고 빠르게
　　　접근하려면 어떻게 해야 할까? ···································278

50 _ 스크린 리더로 좀 더 의미 있는 테스트를 해 보고
　　　싶다면? ··290

1부 준비

**웹 접근성을 준비하는
우리의 자세**

의식 전환
역할 나누기
검사 도구

01

의식 전환
웹 접근성이란?

01 배경과 의의

국내에서 '장애인차별금지 및 권리구제 등에 관한 법률(이하 장애인차별금지법)'은 2008년에 제정된 이후로, 2013년에 이르러서야 민간 기업에 적용된다. 이에 따라 과거와 다르게 웹 접근성에 대한 관심이 매우 커졌고, 더불어 웹 접근성이라는 단어도 익숙해졌다. 그러나 웹 접근성의 정의와 범위가 모호하고 방대해 실무자에게는 웹 접근성이 아직까지 와 닿지 않거나 어렵게 느껴지는 것이 현실이다.

또한 웹 접근성은 장애인차별금지법과 맞물려 관심을 받고 이슈화되면서 장애인 사용자들에게 최적화되어 비장애인에게는 사용성이 떨어진다는 오해를 낳기도 했다. 이런 오해에서 비롯된 인식도 웹 접근성 프로젝트를 방해하는 요인 중 하나다. 결국 웹 접근성을 적용하는 문제는 웹 접근성의 정의를 바로 세우고 공감대를 형성해야만 해결할 수 있다.

웹 접근성의 정의는 웹 접근성을 적용하는 기관에 따라 차이가 있는데 NHN은 한국정보화진흥원에서 제시하는 내용과 맥락을 같이하고 있다.

한국정보화진흥원의 웹 접근성 연구소(http://wah.or.kr)의 웹 접근성 정의

어떠한 사용자(장애인, 노인 등), 어떠한 기술환경에서도 사용자가 전문적인 능력 없이 웹 사이트에서 제공하는 모든 정보에 접근할 수 있도록 보장하는 것

위 정의에 따르면 웹 접근성은 특정 대상에 한정되지 않고 모든 사용자를 대상으로 한다. 다시 말해, 소수의 사용자만을 위한 것이 아니라는 뜻이다. 즉, 웹 접근성은 우리 모두의 문제로 봐야 하며 모두를 유익하게 하는 것이 목적이다.

02 효과적인 접근법

접근성을 어떤 관점에서, 어떻게 적용할지 정하지 못한 채 프로젝트를 진행한다면 자칫 비용과 인력만 낭비하고 성과는 얻지 못할 수도 있다. 또 너무 많은 것들을 한 번에 적용하려는 시도는 관련자들을 지치게 하거나, 프로젝트 진행을 방해하기도 한다.

따라서 웹 접근성의 범위와 수준은 달성하기 쉬운 형태로 단계를 세분화하고, 점진적으로 넓혀 가는 방식으로 설정해야 한다. 웹 접근성의 범위와 수준을 정하고 단계적, 점진적으로 적용하면 작업 효율을 높일 수 있다.

웹 접근성을 단계적으로 적용하려면 먼저 접근성과 관련된 모든 요소를 나열해 상세 항목 간의 상관관계를 파악해야 한다. 이 작업은 매우 광범위한 요소까지 다루기 때문에 NHN에서는 실무에서 주로 다루는 항목을 모아 24~25쪽에서 제공하는 인포그래픽 형태로 활용하고 있다.

접근성 자체가 다양성을 기반으로 하는 만큼 인포그래픽에 없는 항목도 많지만 비슷한 유형도 있고, 유형은 다르지만 해답이 같은 항목도 많다.

신체 운동 관련 기능 제한

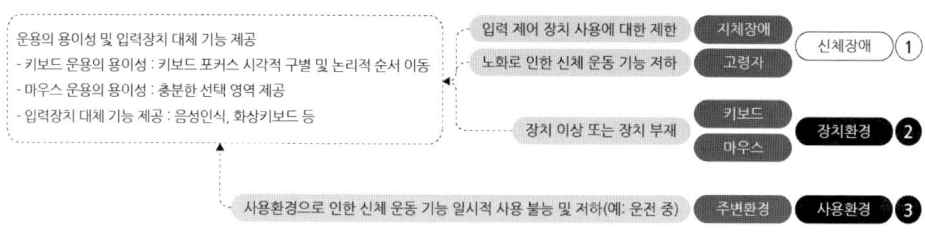

운용의 용이성 및 입력장치 대체 기능 제공
- 키보드 운용의 용이성 : 키보드 포커스 시각적 구별 및 논리적 순서 이동
- 마우스 운용의 용이성 : 충분한 선택 영역 제공
- 입력장치 대체 기능 제공 : 음성인식, 화상키보드 등

| 입력 제어 장치 사용에 대한 제한 | 지체장애 | 신체장애 ① |
| 노화로 인한 신체 운동 기능 저하 | 고령자 | |

| 장치 이상 또는 장치 부재 | 키보드 / 마우스 | 장치환경 ② |

| 사용환경으로 인한 신체 운동 기능 일시적 사용 불능 및 저하(예: 운전 중) | 주변환경 | 사용환경 ③ |

청각 관련 기능 제한

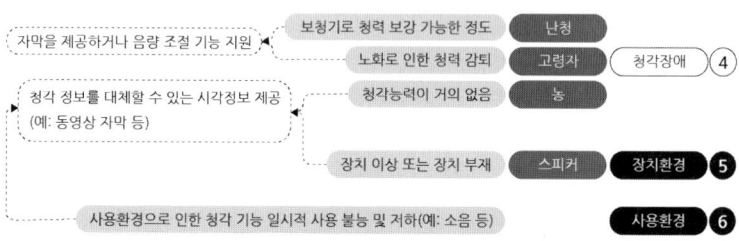

자막을 제공하거나 음량 조절 기능 지원

| 보청기로 청력 보강 가능한 정도 | 난청 | 청각장애 ④ |
| 노화로 인한 청력 감퇴 | 고령자 | |

청각 정보를 대체할 수 있는 시각정보 제공
(예: 동영상 자막 등)

| 청각능력이 거의 없음 | 농 | |

| 장치 이상 또는 장치 부재 | 스피커 | 장치환경 ⑤ |

| 사용환경으로 인한 청각 기능 일시적 사용 불능 및 저하(예: 소음 등) | 사용환경 ⑥ |

인지 관련 기능 제한

콘텐츠 활용에 대한 충분한 안내 제공

신규 사용자, 자주 사용하지 않는 사용자, 낮은 습득력으로 인한 사용능력 저하	경험치	사용 및 활용 방법에 관한 인지 ⑦
지능 저하로 인한 언어 및 사용 능력의 부족	정신지체	콘텐츠 정보 이해 ⑧
고급 어휘 또는 외국어 능력이 떨어지거나 글을 판독하는 능력 부족	언어능력	

콘텐츠 정보에 대한 충분한 안내 제공
- 그래프에 대한 해석 설명 제공
- 콘텐츠를 다양한 언어로 제공
- 콘텐츠를 음성으로 안내 및 제공

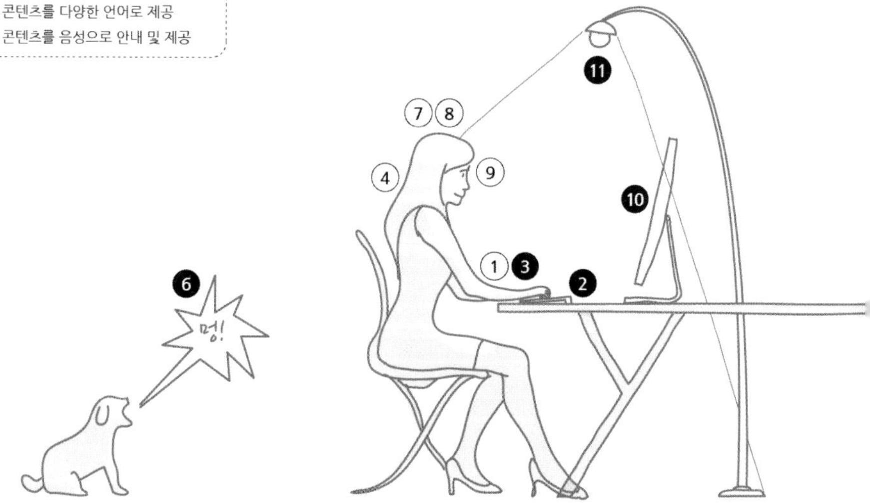

시각 관련 기능 제한

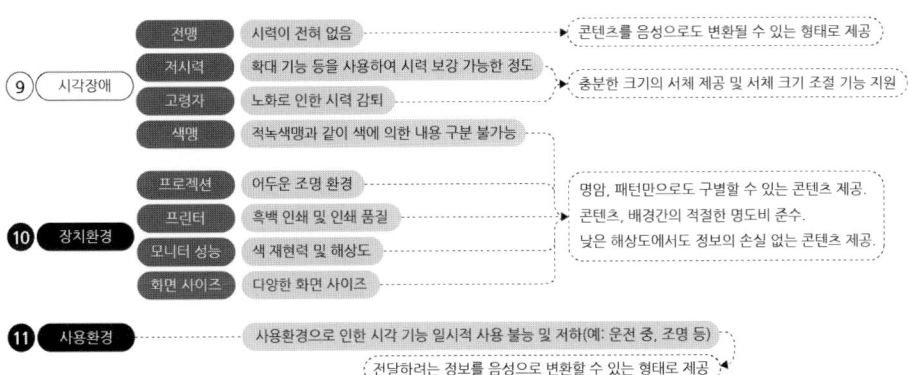

⑨ 시각장애	전맹	시력이 전혀 없음	→ 콘텐츠를 음성으로도 변환될 수 있는 형태로 제공
	저시력	확대 기능 등을 사용하여 시력 보강 가능한 정도	→ 충분한 크기의 서체 제공 및 서체 크기 조절 기능 지원
	고령자	노화로 인한 시력 감퇴	
	색맹	적녹색맹과 같이 색에 의한 내용 구분 불가능	

⑩ 장치환경	프로젝션	어두운 조명 환경	→ 명암, 패턴만으로도 구별할 수 있는 콘텐츠 제공.
	프린터	흑백 인쇄 및 인쇄 품질	콘텐츠, 배경간의 적절한 명도비 준수.
	모니터 성능	색 재현력 및 해상도	낮은 해상도에서도 정보의 손실 없는 콘텐츠 제공.
	화면 사이즈	다양한 화면 사이즈	

⑪ 사용환경	사용환경으로 인한 시각 기능 일시적 사용 불능 및 저하(예: 운전 중, 조명 등)
	전달하려는 정보를 음성으로 변환할 수 있는 형태로 제공

소프트웨어 환경

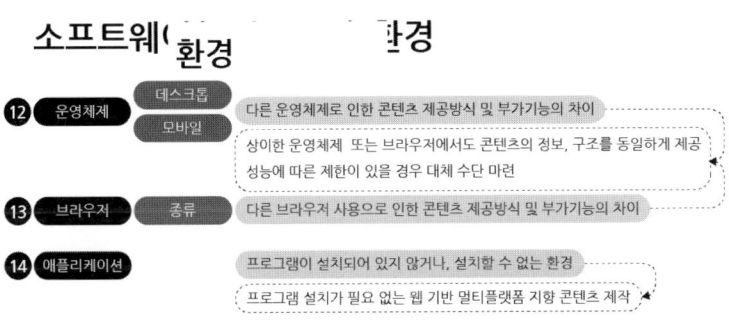

⑫ 운영체제	데스크톱	다른 운영체제로 인한 콘텐츠 제공방식 및 부가기능의 차이
	모바일	상이한 운영체제 또는 브라우저에서도 콘텐츠의 정보, 구조를 동일하게 제공 성능에 따른 제한이 있을 경우 대체 수단 마련

⑬ 브라우저	종류	다른 브라우저 사용으로 인한 콘텐츠 제공방식 및 부가기능의 차이

⑭ 애플리케이션	프로그램이 설치되어 있지 않거나, 설치할 수 없는 환경
	프로그램 설치가 필요 없는 웹 기반 멀티플랫폼 지향 콘텐츠 제작

네트워크 환경

웹 접근성 관련 장애요소 분류
- \# 내적 환경 (사용자)
- \# 외적 환경 (공간, 장비)

⑮ 접속불가	인터넷 접속 불가	→ 인터넷 사용환경에 대한 사전 공지
⑯ 접속불안정	접속 불안정으로 인한 세션 유지 불가능 및 접속 오류 화면	
	충분한 세션 유지 시간 제공 및 세션 시간 알림	

⑰ 저속환경	인터넷 속도 저하로 인한 사용 제한 및 불편
⑱ 데이터 요금	이용요금 지불 부담감으로 인한 사용 제한 및 부담
	고용량 파일 다운로드 기능 제공 전 안내
	다운로드 없이 정보 파악할 수 있도록 제공

예를 들어 아래와 같은 항목은 문제 양상과 해결법이 비슷하다.

- 색맹과 모니터/프로젝션/프린터의 색 재현성 수준이 낮은 경우
- 청각 장애와 스피커 사용이 어려운 경우
- 화면 크기가 작은 모바일 환경과 저해상도의 PC 또는 키오스크
- 지적 활동이 어려운 정신지체 장애와 어린이의 인지 능력, 웹 사용 경험이 미숙한 경우

이렇게 서로 다른 범주와 대상을 관련 항목으로 모아 단순한 지침으로 대응할 수 있다. NHN과 같이 대규모 사이트를 운영하며 수많은 관계자와 프로젝트를 진행할 때는 광범위한 웹 접근성 범주를 몇 가지 지침으로 요약해 내부 기준을 만들 필요가 있었다.

NHN에서는 웹 접근성 항목을 총 8개의 큰 지침으로 정리해 내부 기준으로 활용하고 있다.

1. 대체 콘텐츠를 제공한다.
2. 특정 환경에서도 정보 손실이 없게 한다.
3. 읽고 이해하기 쉬운 환경을 제공한다.
4. 충분한 시간을 보장한다.
5. 발작을 유발하지 않는다.
6. 키보드 접근성을 보장한다.
7. 쉽고 빠른 탐색 환경을 제공한다.
8. 사용자 오류를 예방한다.

이처럼 웹 접근성의 많은 항목을 요약 정리한 지침은 웹 접근성을 적용해야 하는 실무자들에게 구체적인 지시 사항을 알려줌으로써 부담을 덜어 준다. 물론 WCAG(Web Content Accessibility Guidelines)와 KWCAG(Korean Web Content Accessibility Guidelines)에서도 유사한 지침을 공개하고 있지만, 웹 접근성에 대한 경험이 없는 실무자가 이해하고 적용하기에는 모호한 부분이 많아 좀 더 구체화했다. 각 지침에는 적게는 1개에서 많게는 7개의 세부 지침을 둬서 실무에 적용할 때 이해하기 쉽게 했다. 더 자세한 사항은 NHN A11Y(Accessibility) 사이트(http://a11y.nhncorp.com)에서 확인할 수 있다.

웹 접근성을 적용하는 구체적인 지침이 있어도 여전히 어디서부터 어떻게 적용해야 할지 고민일 것이다. 서비스 하나에 점진적으로 적용한다 하더라도 8개의 지침을 모두 만족하기란 쉽지 않다. 서비스별로 우선순위를 정하는 것과 마찬가지로 효율적인 지침을 적용하기 위한 우선순위도 필요하다. 어떤 서비스에 무엇부터 적용해 나갈 것인가 하는 고민은 같지만 적용 방법과 진행 순서는 같을 수 없다. 즉, 정답이 있는 것이 아니라 프로젝트 리더가 웹 접근성 적용 대상과 여건에 따라 최적화해야 한다.

다만, 몇 가지 사항은 공통적으로 고려해 볼 수 있다.

1. 텍스트 위주의 정보 전달 서비스
2. 웹 접근성을 제공하는 데 비용이 적게 드는 작은 서비스
3. 서비스 특성에 따른 장애 요소 영향 수준
4. 대체 텍스트
5. 정보 구조 선형화

1, 2번은 인력과 비용을 적게 들여 효과를 볼 수 있는 서비스로, 우선순위를 높여 적용하면 뒤이어 서비스를 진행할 때 모범 사례로 활용할 수 있다. 반면 서비스 특성상 특정 환경에 의존적인 서비스는 당장 무엇을 바꾸거나 적용하기에는 현실적으로 어렵기 때문에 우선순위를 낮춰 진행한다.

이외에도 웹 접근성을 보장하는 가장 중요하고, 공통적인 요소가 4번의 대체 텍스트와 5번의 정보 구조 선형화다. 대체 텍스트란 정보를 전달하는 그래픽 요소에 대체할 텍스트를 제공하는 것으로, 시각 장애인이 주로 사용하는 스크린 리더에서 반드시 필요한 정보다. 정보 구조의 선형화는 화면에 표시된 2차원의 정보 구조 요소를 시각 장애인이 스크린 리더로 인식하는 1차원 방식으로 나열할 때 정보를 탐색하는 데 어색함이 없게 하는 것인데, 이것은 시각 장애 환경은 물론 키보드만 이용해 웹 콘텐츠를 탐색할 때도 유용하므로 우선적으로 검토해야 하는 항목이다.

의식 전환
웹 접근성, 왜 보장해야 하나? 02

01 웹 접근성의 가치

웹 접근성의 중요성이나 가치는 원론적인 것부터 현실적인 것까지 이미 많은 자료가 나와 있어 웹 접근성을 어렴풋이 알고 있는 사람은 많다. 하지만 '장애인차별금지법'이라는 법적 문제에 대응하는 것만이 아닌, 장애 환경에서도 웹에 접근하기 편하고 사용하기 쉽도록 웹 접근성을 꼭 보장해야 하는가에 관해서는 여전히 의문이 들 것이다.

우리나라에서 웹 접근성에 대한 관심과 참여를 이끈 것은 장애인차별금지법이다. 그래서 웹 접근성이 규제 대응을 위한 수단으로 인식되거나 장애인만을 위한 것으로 비춰지는 면도 있다. 결국 웹 접근성을 적용할 때 나타나는 효과나 혜택이 우리 모두의 것이 아닌 일부의 것, 다수가 아닌 소수에 한정된다는 인식 때문에 웹 접근성을 적용할 공감대를 찾지 못하고 있다.

또한 웹 접근성을 보장하면 개발과 유지 보수 비용이 절약되거나 서버 부하가 줄어든다는 효과가 있는데도 수치로 정량화하거나 얼마나 이익을 얻을 수 있는지 구체적으로 보여 준 사례가 없어 기업에서는 쉽게 도입하기 어려운 게 현실이다.

하지만 웹 접근성은 우리 모두의 문제다. 다른 투자 요소에 비해 가장 큰 효과를 얻을 수 있는 새로운 투자 요소이기도 하다. 기존의 비즈니스 영역을 빼앗는 것이 아닌 기존 사용자에게는 더 나은 사용성을, 새로운 사용자에게는 다른 서비스와 차별화된 매력을 줄 수 있는 새로운 영역의 비즈니스다. 더불어 기업에게는 공유가치창출(Creating Shared Value, CSV)로 이어지는 매력적인 소재다.

02 새로운 대상과 시장의 발견

후천적 장애 환경의 증가

원래는 장애가 없다가 사고나 질병으로 신체 기능의 일부를 잃어버리거나 노화로 인해 불편을 느끼는 후천적 장애의 비율이 크게 늘고 있다. 보건복지부에 따르면 전체 장애인 수를 약 268만 명(2012년 보건복지부 기준)으로 추산하는데, 후천적 장애가 전체 장애인의 90.5%에 달한다고 한다.

후천적으로 장애가 생기더라도 장애가 발생하기 전에 경험했던 웹 서비스의 사용자 경험을 그대로 기대하게 된다. 웹 접근성이 제공되지 않는다면 이전과 달리 서비스를 원활하게 사용하기가 어려워 크게 불편을 느낄 것이다. 반면 웹 접근성을 만족시킨다면 서비스에 대한 만족도와 충성도는 이전에 비해 더욱 커질 수 있다. 더구나 거동이 불편한 장애 환경에서는 장애가 생기기 이전보다 웹 서비스에 대한 의존도가 더 높아지는데, 이렇게 높아진 후천적 장애인의 만족도는 선천적 장애인보다 훨씬 높게 나타날 것이다. 후천적 장애인의 규모는 약 240만 명(2012년 보건복지부 기준)이며 더 증가하는 추세다. 이것은 웹 접근성이라는 새로운 시장을 염두에 둬야 하는 이유이기도 하다.

사고나 질병으로 인한 장애 말고도 노령화로 인한 상황도 비슷하다. 2012년 기준 65세 이상 고령자가 차지하는 비율은 전체 인구의 11.8%로, 신체 장애 인구와는 비교가 안 될 만큼 압도적으로 많으며, 계속해서 빠르게 증가하고 있다. 이는 단순한 양적 문제로 치부될 수준이 아닌, 다양성 측면에서 봐야 할 만큼 큰 숫자다. 앞으로의 노년층은 웹 서비스 이용에 익숙했던 사용자인 만큼 향후 웹 접근성은 마땅히 보장돼야 할 것이다.

이렇듯 장애인에 대한 관점, 가속화되는 노령화 인구를 생각한다면 웹 접근성을 단순히 사회적 책임의 대상으로만 볼 수는 없다. 웹 접근성은 기업의 목표나 새로운 시장 개척의 개념으로 접근할 필요가 있다.

모바일로의 확장

NHN에서는 웹 접근성을 적용하기 전에 태블릿 PC 최적화 프로젝트를 진행한 적이 있다. 웹 접근성 프로젝트와 마찬가지로 회사 전체를 대상으로 적용하는 서비스였고, 태블릿류 단말기에서도 웹 페이지가 잘 보이고, 동작할 수 있게 했던 프로젝트였다. 최종 완료까지 1년 정도 걸린 작업으로 많은 인력이 투입됐다.

필자는 태블릿 PC 최적화 작업과 웹 접근성 프로젝트의 순서를 바꿔 진행했다면 어땠을까 싶다. 가령 마우스 오른쪽 버튼을 클릭했을 때를 고려하지 않는 모바일 환경의 웹 접근성은 키보드만을 이용해야 하는 신체 장애 관련 접근성과 연관성이 있다. 웹 접근성 프로젝트가 선행됐더라면 태블릿 PC의 제약 사항에 대한 접근법이 고려되어 기기의 차이에서 오는 최적화에는 상대적으로 적은 인력이 투입되고 개발 효율도 높아졌을 것이다.

모바일의 중요성이 높아지면서 이제 웹 제작자는 다양한 단말기를 고려해야만 한다. 기술이 발달함에 따라 환경 제약이나 장애를 고려한 접근성이 더 부각되고 있는 것이다. 미래에는 어떤 기술이 어떻게 다가올지 모른다. 앞으로는 새로운 기술에 대응하는 속도가 기업의 경쟁력을 좌우할 것이다. 따라서 웹 접근성은 단순히 장애 환경에 대한 대응뿐 아니라 개발 효율도 높일 수 있는, 앞으로 등장할 새로운 기술에 대비하는 초석으로서 가치가 있다.

역할 나누기
팀 플레이로 두려움 극복하기 03

접근성이 보장된 신규 사이트를 제작하거나 이미 서비스하고 있는 사이트의 접근성을 향상시키기로 결정했다면 당장 무엇을 해야 할지 막막할 것이다. NHN에서 웹 접근성을 보장하기 위해 처음으로 한 일은 지침을 만드는 것이었다. 기존에 정보통신 단체 표준인 'KWCAG(Korean Web Content Accessibility Guidelines) 2.0'을 비롯해 참고할 만한 자료가 많이 있었지만 웹 접근성이 생소한 사람도 쉽게 이해하고, 효율적으로 적용할 수 있게 새로운 지침을 만들었다.

2부에서는 웹 접근성을 보장하기 위한 8개의 지침을 24가지 체크리스트로 나눠 소개한다. 참고해야 할 내용이 너무 많으면 여전히 막막하므로 꼭 필요한 최소한의 항목만을 남겨 두었다. 그렇지만 여전히 '나 혼자 이 많은 것을 전부 해야 하는 건가?'라는 생각이 들며 웹 접근성이 거대한 괴물처럼 느껴질 수 있다. 그러나 거대한 괴물도 여럿이 힘을 합치면 물리칠 수 있다. 웹 접근성을 보장하는 것이 아직도 두렵고 무엇을 어떻게 해야 할지 모르겠다면 다음과 같이 역할을 나눠 생각해 보자.

이 책에서는 크게 네 가지 역할을 두었다. 상황에 따라 역할의 이름이 다를 수는 있지만 웹 접근성을 보장하기 전까지 해 오던 주요 역할은 다음과 같다.

- UX(User eXperience) 디자이너: UX란 사용자가 시스템, 제품, 서비스 등을 이용함으로써 얻게 되는 총체적 경험을 의미한다. UX 디자이너는 사용자의 행동을 미리 예측해 쉽고 편리한 경험을 설계한다.
- UI(User Interface) 디자이너: UI는 사용자가 제품과 의사 소통하는 환경을 말한다. UI 디자이너는 사용자가 웹을 쉽고 편리하게 이용할 수 있게 콘텐츠를 배치하고 색이나 모양, 크기를 활용해 직관적으로 정보를 전달한다.
- 마크업 개발자: 마크업은 웹 콘텐츠의 논리적 순서나 형식을 웹 브라우저가 해석할 수 있게 하는 정보다. 마크업 개발자는 웹 콘텐츠가 본래 가지고 있는 구성과 형태가 유지되도록 정확한 의미를 부여한다.
- Ajax/웹 개발자: 정적인 콘텐츠에 기능을 더한다. 동적인 시각 효과를 구현하기도 한다. Ajax(Asynchronous JavaScript and XML) 개발 기법으로 사용자와 웹 콘텐츠 간의 즉각적인 의사소통 및 시각 효과를 구현하기도 한다.

웹 접근성을 보장하려면 기존의 역할에 다음과 같이 장애 환경이라는 조건을 추가한다.

- UX(User eXperience) 디자이너: 사용자의 행동을 미리 예측해 쉽고 편리한 경험을 설계한다. **장애 환경에 놓인 사용자를 함께 고려한다.**
- UI(User Interface) 디자이너: 콘텐츠를 배치하고 색이나 모양, 크기를 활용해 직관적으로 정보를 전달하되 **장애 환경에서도 인식할 수 있는 방법으로 표현한다.**
- 마크업 개발자: 콘텐츠가 본래 가지고 있는 구성과 형태가 유지되도록 정확한 의미를 부여한다. **화면에 표시하는 콘텐츠만큼 보조기기가 인식하는 콘텐츠에도 의미가 있어야 한다.**
- Ajax/웹 개발자: 정적인 콘텐츠에 기능을 더한다. 사용자와 웹 콘텐츠 간의 즉각적인 의사소통 및 시각 효과를 구현하기도 한다. **구현된 기능과 시각 효과는 장애 환경에서도 조작할 수 있어야 한다.**

다음 절에서는 각 역할별로 할 일을 자세히 다룬다.

역할 나누기
UX 디자이너   04

UX(User eXperience) 디자이너는 사용자의 요구와 행동 양식을 예측해 이용할 가치가 있고, 쉽고 편리한 서비스를 설계한다. UX를 설계할 때 가장 중요한 것은 사용자이며 사실적인 접근을 위해 가상의 사용자인 페르소나(Persona)를 만들기도 한다. 날씨 정보를 제공하는 웹 사이트를 제작한다면 매일 아침 출근하기 전에 우산을 챙겨야 하는지 궁금한 직장인을 떠올리기도 하고 다음 주면 해외 여행을 떠나는, 현지 날씨가 궁금한 대학생을 떠올릴 수도 있다. 그러나 접근성을 고려하기 전까지는 어떤 사용자를 떠올리더라도 모니터를 볼 수 있고, 마우스를 이용할 수 있으며, 소리를 들을 수 있다고 믿었을 것이다. 이제부터는 보지 않고 듣는 사용자, 듣는 대신 보는 사용자, 마우스 대신 키보드를 이용하는 사용자를 함께 고려해야 한다.

UX 디자이너는 24개의 체크리스트 중 9개 항목을 담당한다.

화면을 보거나 들을 수 없는 사용자를 위해

- 영상만으로 정보를 제공했다면 영상에서 제공하는 정보를 음성으로도 제공하며 음성 정보는 자막, 원고, 수화로도 제공한다.
- 자동 가입 방지를 위한 캡차(CAPTCHA)는 이미지뿐 아니라 음성으로도 제공한다.
- 페이지에 접속할 때 자동으로 재생되는 소리는 웹 콘텐츠를 음성으로 인식하는 데 방해가 되므로 언제든 멈출 수 있게 한다.
- 웹 페이지 제목만으로도 원하는 콘텐츠를 쉽게 찾을 수 있어야 한다.
- 예기치 못한 상황 때문에 혼란을 겪지 않게 한다.

시간이 조금 더 필요한 사용자를 위해

- 시간 제한이 있는 콘텐츠는 남은 시간을 알려 주고 가능하다면 남은 시간을 연장할 수 있게 한다.
- 일정한 시간이 지났을 때 콘텐츠가 바뀐다면 자동으로 바뀌는 것을 멈추게 하고 지나친 콘텐츠를 다시 볼 수 있게 한다.

마우스를 사용할 수 없는 사용자를 위해

- 마우스로 조작할 수 있는 기능은 키보드로도 조작할 수 있게 한다.
- 반복되는 콘텐츠를 건너뛰고 주요 콘텐츠로 쉽게 이동할 수 있는 링크를 제공한다.

역할 나누기
UI 디자이너

웹 콘텐츠를 직관적이고 명확하게 전달할 수 있게 화면을 구성한다. 콘텐츠의 성격, 관계, 중요도를 구분하기 위해 색과 모양, 크기를 다르게 표현한다. 사람들은 네이버(http://naver.com)에 성공적으로 접속했다는 것을 어떻게 알 수 있을까? 물론 화면 윗 부분에 'NAVER'라는 로고가 있기 때문이기도 하지만 초록색 검색 창이 주는 느낌을 배제할 수는 없을 것이다.

그림 1 네이버 메인 화면의 로고와 검색 창

어느 날 네이버의 검색 창이 빨갛거나 파랗다면 사용자는 내가 원하는 사이트에 제대로 접속했는지 의심하게 될 것이다. 이렇듯 정보를 시각화하는 것은 웹 페이지를 단순히 아름답게 보이려는 것이 아니다. 전달하려는 정보에 사용자가 주목하게 하고 쉽게 이해하게 하는 데 목적이 있다. UI 디자이너는 장애 환경에 놓인 사용자 역시 같은 목적을 달성할 수 있게 정보를 표현해야 한다. 네이버의 초록색 검색 창은 색상을 구분할 수 있는 사용자에게 유용한 수단이다. 그러나 색을 구분하기 어려운 사용자에게는 'NAVER'라는 큼지막한 로고와 검색 창의 크기, 위치가 유용한 수단이 될 수 있다.

다양한 장애 환경을 고려하는 것이 UI 디자이너의 창의성을 저해한다는 우려가 있다. 웹 페이지는 사용자가 정보를 습득하고 이용하는 제품이다. 아름답기만 한 제품은 주목받지만 꾸준한 사랑은 받지 못한다. 목적을 쉽게 알 수 있고 이용하기 편리한 제품이 많은 사람들에게 사랑받는다. 웹 접근성을 보장함으로써 더 많은 사람들이 디자이너의 제품을 이용하게 하는 것은 아름다움 못지않게 의미 있는 것이다.

UI 디자이너는 24개의 체크리스트 중 3개 항목을 담당한다. 항목 수는 적지만 UX 디자이너가 접근성을 고려해서 설계한 내용을 화면에 표현하는 것 역시 UI 디자이너의 몫이다.

색을 구분할 수 없는 사용자를 위해
- 색을 제거해도 콘텐츠를 인식할 수 있게 한다.

시야가 상대적으로 좁거나 흐린 사용자를 위해
- 정보 전달을 목적으로 하는 콘텐츠는 뚜렷하게 제공한다.

번쩍임, 깜박임에 민감한 사용자를 위해
- 짧은 시간에 여러 번 번쩍이거나 깜박이는 시각 효과는 피한다.

06 역할 나누기
마크업 개발자

전달하려는 웹 콘텐츠를 웹 브라우저 또는 보조기기가 해석할 수 있는 언어로 변환한다. 디자인 산출물을 웹 브라우저에 표시하는 것도 중요하지만 더 중요한 것은 웹 브라우저가 아닌 다른 도구로 웹 콘텐츠를 바르게 전달하는 것이다. 실제로 한두 가지 웹 브라우저에서 웹 콘텐츠를 전달하는 것만으로도 충분하던 시절에는 마크업 개발자의 필요성을 느끼지 못했다. 웹 콘텐츠를 접할 수 있는 플랫폼이 다양해지면서 표준에 맞는 언어를 작성하고 웹 콘텐츠의 의미와 스타일을 분리해서 제작 효율에도 이바지하는 마크업 개발자의 역할이 두드러지기 시작했다. 특히 마크업 개발자는 눈에 보이는 웹 콘텐츠뿐 아니라 보이지 않는 것까지 고려해야 한다. 화면에서 링크와 일반 텍스트를 구분할 수 있는 것처럼 스크린 리더를 사용할 때도 링크와 일반 텍스트를 바르게 인식할 수 있게 하는 것이 마크업 개발자의 몫이다.

마크업 개발자는 24개의 체크리스트 중 10개의 항목을 담당한다. 대부분 화면을 볼 수 없는 사용자를 위한 항목으로, 자신이 작성한 코드가 스크린 리더에서 어떻게 표현되는지 아는 것이 매우 중요하다. 더 자세한 내용은

3부의 "시각 장애인은 어떻게 웹을 탐색할까?(264쪽)" 이후부터 설명한다.

화면을 볼 수 없는 사용자를 위해

- 그래픽 콘텐츠는 음성으로 들을 수 있게 대체 텍스트를 제공한다.
- 보조기기가 웹 콘텐츠를 잘못 해석하지 않도록 HTML을 문법에 맞게 작성한다.
- 행과 열로 구성된 2차원의 정보 형태인 표를 보조기기로도 쉽게 이해할 수 있게 한다.
- 웹 콘텐츠의 스타일을 제거하더라도 콘텐츠를 논리적으로 이해할 수 있게 한다.
- 웹 콘텐츠의 언어를 명시해 보조기기가 알맞은 발음으로 음성을 출력할 수 있게 한다.
- 웹 콘텐츠 중 맥락이 다른 콘텐츠는 어떤 목적으로 삽입된 것인지 알 수 있게 제목을 제공한다.
- 웹 콘텐츠의 구조를 쉽게 파악하고 원하는 콘텐츠에 빠르게 접근할 수 있게 각 콘텐츠 블록에는 제목을 제공한다.
- 링크 텍스트는 목적지를 알 수 있게 명확하게 제공한다.
- 입력 서식에는 무엇을 입력해야 하는지 알 수 있게 레이블을 제공한다.

마우스를 사용할 수 없는 사용자를 위해

- 키보드로 웹 콘텐츠를 이용할 때 포커스의 위치를 확인할 수 있게 한다.

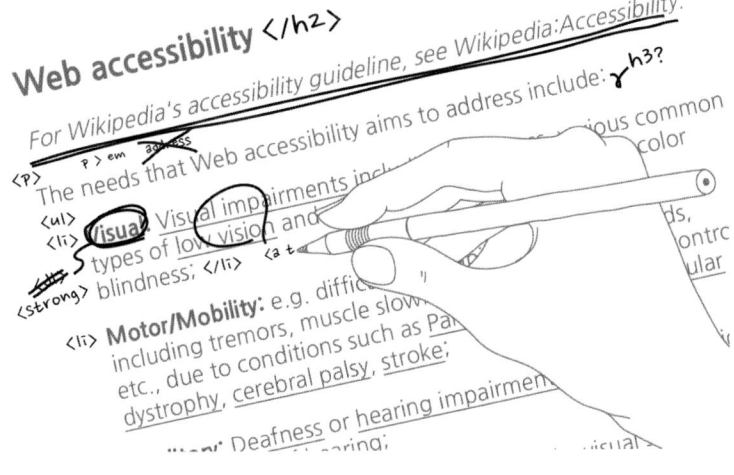

역할 나누기
Ajax/웹 개발자

07

UX 디자이너가 웹 콘텐츠와 사용자 간의 소통 방법을 제시하지만 실제 구현은 Ajax/웹 개발자의 몫이다. 메일을 선택하고 '삭제' 버튼을 클릭하면 받은 메일함에 있던 메일이 휴지통으로 이동하는 것, '메일함 추가' 버튼을 클릭하면 없던 메일함이 새로 생성되는 것 등 웹 콘텐츠를 이용하면서 너무나 당연하게 여겼던 사소한 것까지 Ajax/웹 개발자의 손을 거치지 않는 것이 없다. 마크업 개발자가 눈에 보이지 않는 것까지 고려해야 하는 것처럼 Ajax/웹 개발자 역시 UX 디자이너가 미처 설계하지 못한 부분까지 면밀히 살펴야 한다. 능동적인 개발자가 만든 웹 사이트는 빈틈이 없다. 반면 수동적인 개발자가 만든 웹 사이트는 예측하지 못한 오류를 발생시킨다. 웹 접근성 역시 마찬가지다. UX 디자이너만큼 장애 환경에 놓인 사용자의 행동 패턴을 이해하고, 세심하게 배려하는 것이 바로 Ajax/웹 개발자의 몫이다.

Ajax/웹 개발자는 24개의 체크리스트 중 2개의 항목을 담당한다. 담당 항목 수는 가장 적지만 모든 항목이 바르게 구현될 수 있도록 지원해야 한다.

화면을 볼 수 없는 사용자를 위해

- 입력 오류가 발생했을 때 무엇이 문제인지 인식할 수 있고, 바로 수정할 수 있게 한다.

마우스를 사용할 수 없는 사용자를 위해

- 키보드로 웹 콘텐츠를 이용할 때 포커스가 자연스럽게 이동하게 한다.

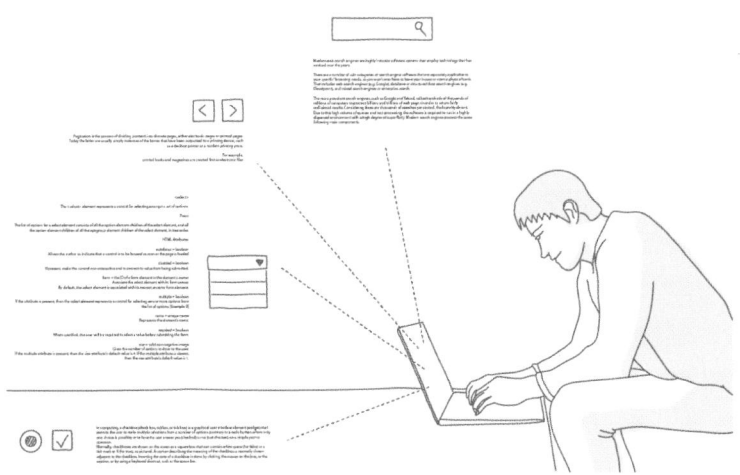

검사 도구
N-WAX

N-WAX(NHN Web Accessibility eXtension)는 NWCAG(NHN Web Content Accessibility Guidelines) 체크리스트에 따라 웹 접근성을 빠르고 쉽게 평가할 수 있게 NHN에서 만든 도구다. 로그인 기반 서비스나 자바스크립트, 플래시와 같은 동적인 요소가 다양하게 포함된 실제 웹 페이지를 평가할 수 있게 웹 브라우저의 확장 프로그램 형태로 만들었다. 파이어폭스와 구글 크롬 웹 브라우저에서 사용할 수 있다.

01 설치 방법

1. 파이어폭스 부가기능 또는 크롬 웹 스토어에서 'N-WAX'로 검색하거나 아래 널리(NULI) 웹 사이트에서 웹 브라우저용 N-WAX를 다운로드한다.
   http://html.nhncorp.com/markup_tools/nwax

   [파이어폭스용 N-WAX 다운 받기 (새창)] [구글 크롬용 N-WAX 다운 받기 (새창)]

   그림 2 널리 웹 사이트에서 N-WAX 다운로드하기

2. 웹 브라우저에서 를 클릭하면 웹 브라우저에 N-WAX 아이콘이 추가된다.

그림 3 N-WAX 아이콘 위치(파이어폭스)

02 사용법

평가할 웹 페이지를 열어 놓고 **실행** 사다리 모양 아이콘을 클릭해 N-WAX를 실행한다.

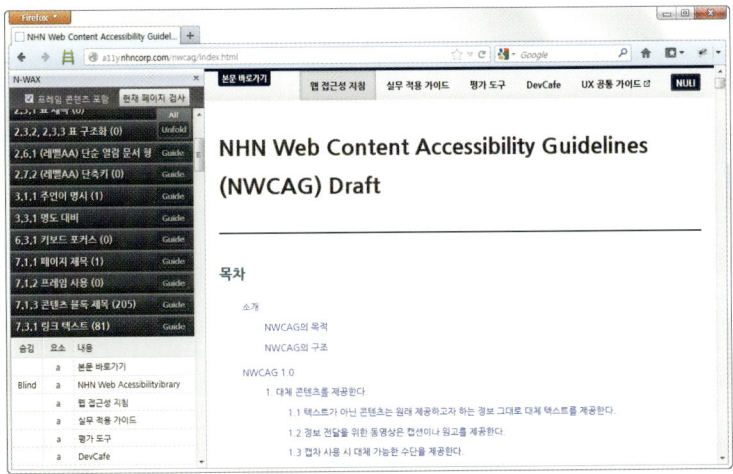

그림 4 N-WAX 실행 화면(파이어폭스)

프레임 콘텐츠 포함에서 프레임 콘텐츠를 포함할지 여부를 선택하면 페이지 내에 삽입된 프레임 문서까지 모두 검사할 수 있다. **현재 페이지 검사**를 클릭하면 항목별 목록이 나타난다.

검사 도구 43

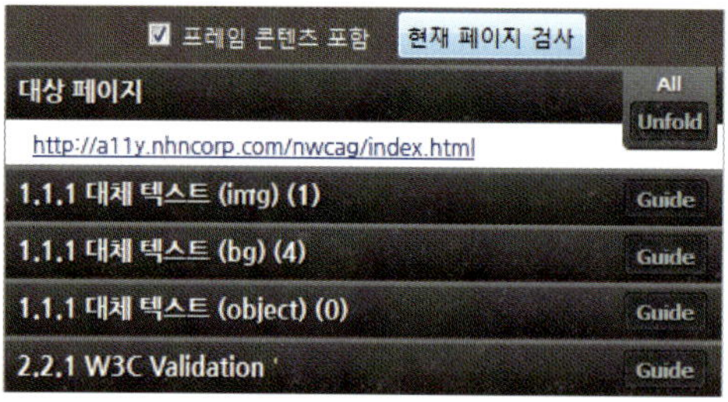

그림 5 검사를 실행한 후의 화면

제목 바를 클릭하면 항목을 펼쳐보거나 접을 수 있다. Guide를 클릭하면 NWCAG 가이드로 이동한다.

그림 6 검사 항목을 펼쳐 본 화면

각 항목에서 사용되는 요소와 처리 방법을 간단하게 표 형식으로 요약해 보여 준다. 빨간색은 오류로 판단되는 항목, 노란색은 오류가 의심되는 항목을 나타낸다.

그림 7 검사 결과 표시 화면

웹 접근성 프로젝트 시작하기

체크할 수 있는 항목

- 그래픽 콘텐츠에 대체 텍스트 제공하기(66쪽)
- 웹 문서에 문법 오류 없게 하기(102쪽)
- 표 바르게 지정하기(108쪽)
- 주 사용 언어 명시하기(124쪽)
- 콘텐츠와 배경의 명도 대비가 4.5:1 이상 되게 하기(132쪽)
- 키보드 포커스를 화면에 표시하기(178쪽)
- 웹 페이지의 제목 지정하기(184쪽)
- 프레임에 제목 지정하기(190쪽)
- 콘텐츠 블록에 제목 지정하기(194쪽)
- 명확한 링크 텍스트 지정하기(202쪽)
- 입력 서식에 레이블 지정하기(216쪽)

09 검사 도구
웹 브라우저 개발자 도구

웹 브라우저의 개발자 도구에서도 기본적인 디버깅 기능을 제공한다. 인터넷 익스플로러(Internet Explorer)에서는 개발자 도구를 활성화하면 웹 브라우저 아래에 분할된 창이 나타난다. 인터넷 익스플로러 외에 다양한 웹 브라우저에서 비슷한 형태의 기능을 제공한다.

01 설치 방법

별도의 설치 과정 없이 인터넷 익스플로러가 실행된 상태에서 F12 키를 누르면 웹 브라우저 개발자 도구가 아래에 나타난다.

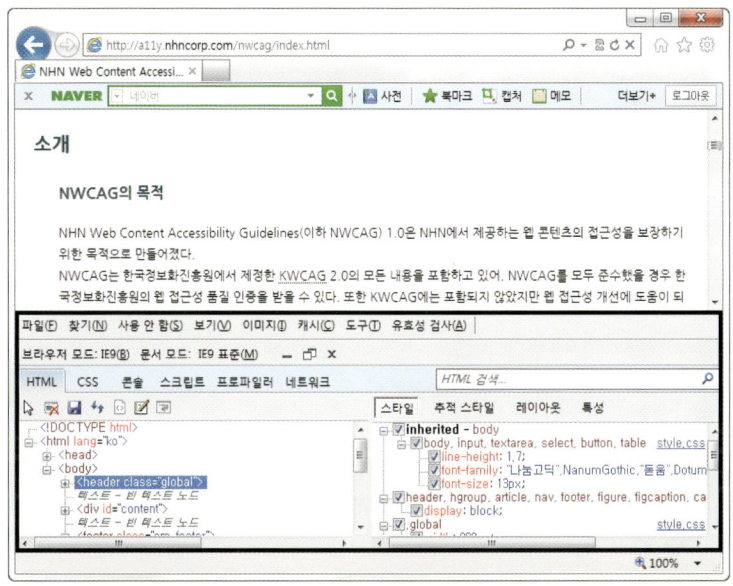

그림 8 인터넷 익스플로러에서 개발자 도구를 활성화한 화면

02 사용법

웹 브라우저의 개발자 도구에서 메뉴 왼쪽 아래에 위치한 화살표를 클릭해서 요소를 선택하거나 Ctrl + B를 눌러서 요소를 선택하고 화면에서 살펴볼 요소를 클릭하면 콘텐츠를 트리 구조로 볼 수 있다.

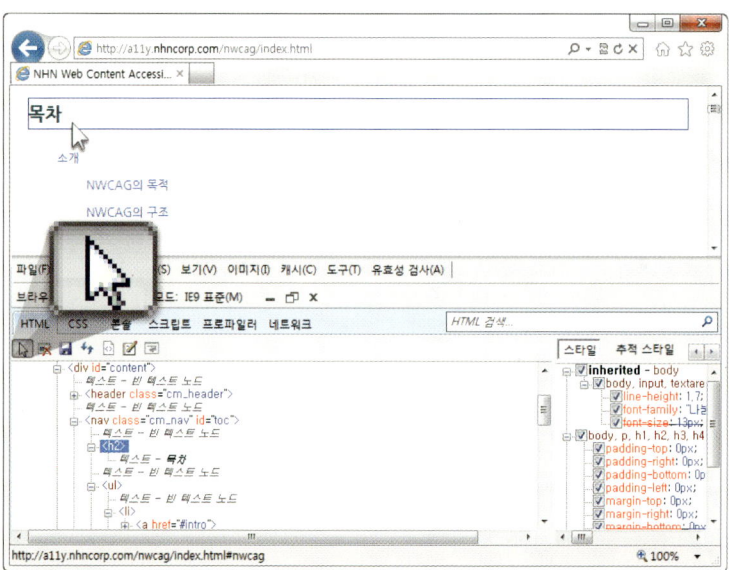

그림 9 개발자 도구로 콘텐츠 트리 구조 확인

사용 안 함 메뉴에서 CSS를 선택하면 콘텐츠의 논리적인 순서를 손쉽게 살펴볼 수 있다.

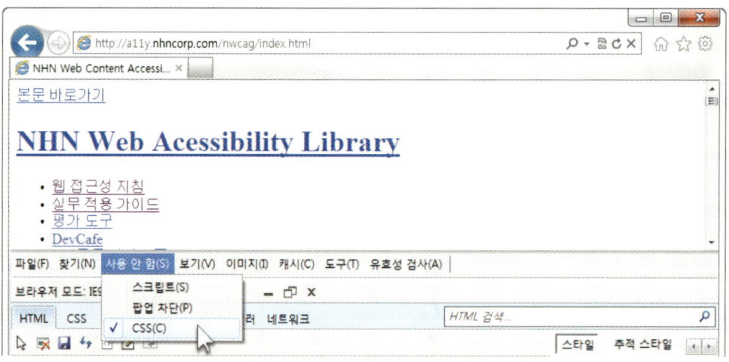

그림 10 콘텐츠의 논리적인 순서 확인

이미지 메뉴에서 **이미지 사용 안 함**이나 **대체 텍스트 보기**를 선택하면 이미지 콘텐츠의 대체 콘텐츠 현황을 쉽게 파악할 수 있다.

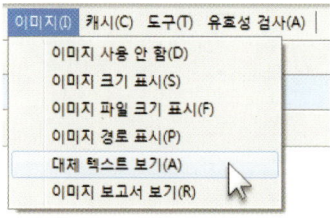

그림 11 이미지 대체 텍스트 보기

웹 브라우저의 **유효성 검사** 메뉴에도 접근성 항목이 있다. WCAG 검사 목록과 섹션 508 점검표에 따른 검사를 지원한다.

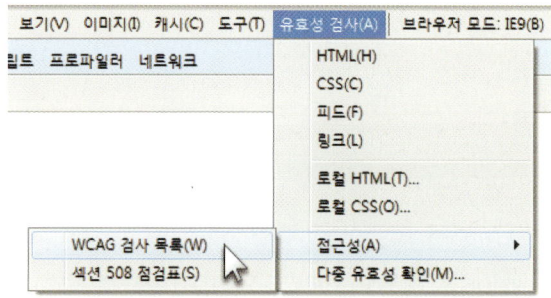

그림 12 접근성의 유효성 검사

체크할 수 있는 항목

- 그래픽 콘텐츠에 대체 텍스트 제공하기(66쪽)
- 웹 문서에 문법 오류 없게 하기(102쪽)
- 논리적인 순서 보장하기(116쪽)

검사 도구 **49**

검사 도구
UIA Verify

UIA(User Interface Automation) Verify는 플래시, 실버라이트 등 애플리케이션의 접근성 정보를 탐색할 수 있는 도구다.

01 설치 방법

1. 아래 UI Automation Verify(UIA Verify) Test Automation Framework 웹 사이트에서 **download**를 클릭해 파일을 다운로드한다.
 http://uiautomationverify.codeplex.com/
2. 다운로드한 파일의 압축을 해제한다.
3. 압축 해제한 폴더에서 'VisualUIAVerify.exe' 파일을 실행한다.

02 사용법

UIA Verify를 실행하면 창 왼쪽 Automation Elements Tree에 나타나는 요소를 선택하고 Tests 메뉴에서 Run Selected Test(s) on Selected Element를 실행한다.

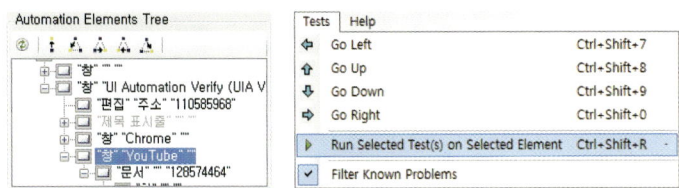

그림 13 UIA Verify에서 선택한 요소 테스트 실행

Mode 메뉴의 Hover Mode(use Ctrl)를 활성화하면 원하는 요소에 마우스 포인터를 올리고 Ctrl 키를 눌러 접근성 정보를 확인할 수 있다.

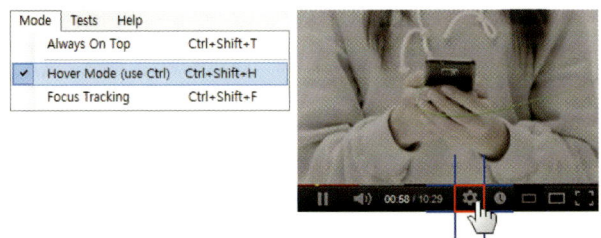

그림 14 Mode > Hover Mode로 접근성 정보 확인

그림 15 Automation Elements Tree 영역에서 선택된 요소의 대체 텍스트 확인

체크할 수 있는 항목

- 그래픽 콘텐츠에 대체 텍스트 제공하기(66쪽)

검사 도구
PEAT

PEAT(Photosensitive Epilepsy Analysis Tool)는 웹 콘텐츠를 포함해서 스크린에 나타나는 대상이 발작 위험을 일으키는지 식별하는 도구다.

01 설치 방법

1. 아래 PEAT 웹 사이트에서 **Download PEAT Beta**를 클릭해 프로그램 압축 파일을 다운로드한다.
   http://trace.wisc.edu/peat
2. 다운로드한 파일의 압축을 해제한다.
3. 압축 해제한 폴더에서 'PEAT.exe' 파일을 실행한다.

02 사용법

PEAT를 실행해서 Capture 메뉴의 Start Capture를 클릭해 원하는 페이지 URL을 입력한다.

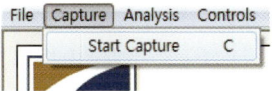

그림 16 Capture 메뉴의 Start Capture로 영상 캡처 시작

영상을 캡처한 후 Analyze video ◉를 클릭해 시간대별 그래프로 평가 결과를 확인한다.

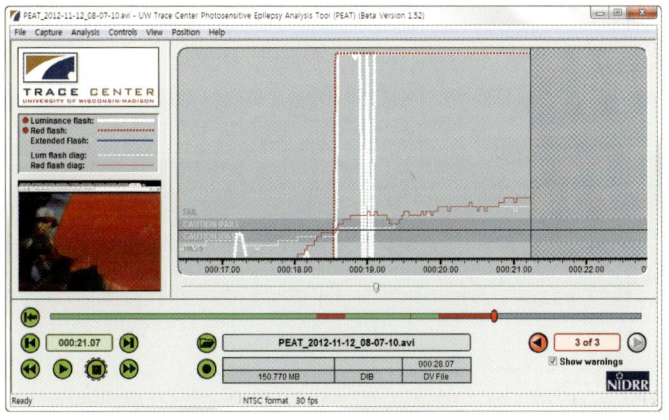

그림 17 평가 후 결과 화면

시간대별 꺾은선 그래프 영역에서 'FAIL'로 구분되는 곳에 선이 나타나면 발작 위험을 일으키는 영상이 있다는 것을 뜻한다.

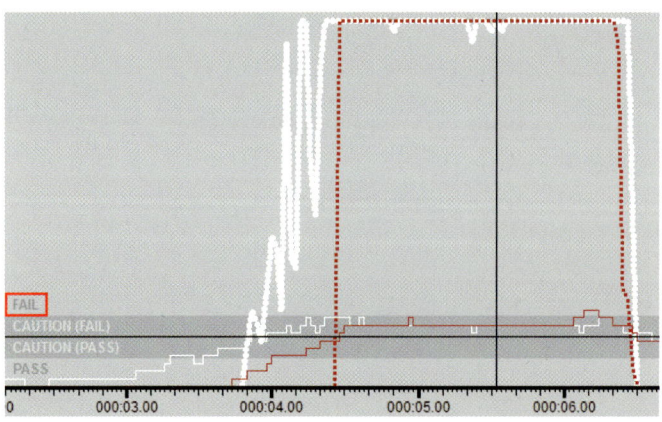

그림 18 시간대별 꺾은선 그래프 결과 화면

체크할 수 있는 항목

1초에 3회 이상 번쩍이거나 깜박이는 콘텐츠 제공하지 않기(152쪽)

웹접근성 프로젝트 시작하기
Let's Start: Web Accessibility Project

검사 도구
Contrast Ratio

Contrast Ratio는 웹 콘텐츠 제작자가 포토샵을 이용해 이미지 작업을 할 때 전경색과 배경색의 명도 차이를 비교할 수 있게 도와주는 확장 프로그램이다. 저시력 사용자의 텍스트 요소 판독성을 확인하는 데 유용하다.

01 설치 방법

1. NHN A11Y(Accessibility) 사이트의 **평가 도구** 메뉴에서 Contrast Ratio 항목의 프로그램 압축 파일을 다운로드한다.
   http://a11y.nhncorp.com

2. 다운로드한 파일을 압축 해제해서 **포토샵 설치 폴더₩Plug-ins₩Panels** 폴더에 복사한다.

02 사용법

포토샵을 실행한 후 메뉴에서 Window 〉 Extentions 〉 ContrastRatio를 선택하면 오른쪽에 작은 패널이 나타난다.

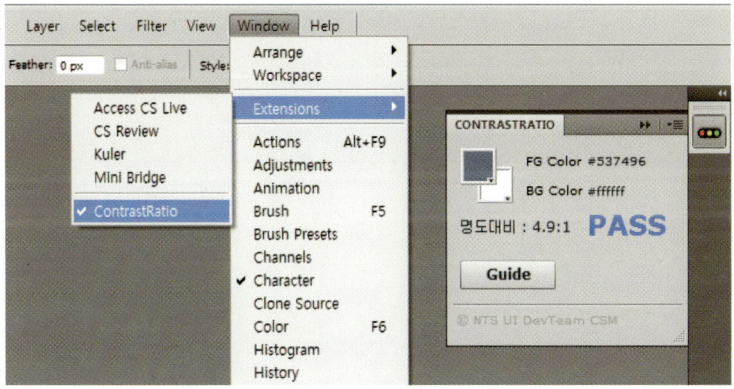

그림 19 Contrast Ratio 사용 화면

캔버스에서 원하는 전경색과 배경색을 선택하면 오른쪽 CONTRASTRATIO 패널에 명도 대비 수치와 통과 여부를 나타낸다.

그림 20 자동 명도 측정 화면

명도 대비 4.5:1 이상이면 PASS, 그렇지 않으면 FAIL 표시가 나타난다. 아래의 Guide를 클릭하면 NWCAG 가이드 페이지로 이동한다.

검사 도구

그림 21 Contrast Ratio 실행 결과 화면

체크할 수 있는 항목

콘텐츠와 배경의 명도 대비 4.5:1 이상 되게 하기(132쪽)

；웹접근성 프로젝트 시작하기
Let's Start: Web Accessibility Project

13 검사 도구
스크린 리더

스크린 리더는 시각 장애인들에게 화면의 내용이나 자신이 입력한 키보드 정보, 마우스 좌표 등을 음성으로 알려 컴퓨터를 사용할 수 있게 도와주는 프로그램이다. 국내에서 가장 많이 사용하는 제품으로는 센스리더가 있다.

01 설치 방법

1. 엑스비젼테크놀로지 자료실에서 센스리더 최신 버전을 다운로드한다. 라이선스가 없는 경우 데모 버전으로 30분간 사용할 수 있다.
   http://www.xvtech.com/xvtech/?mid=data
2. 다운로드한 파일을 압축 해제한 뒤 'setup.exe'를 실행한다.
3. 안내에 따라 설치를 진행한 후 컴퓨터를 다시 시작한다.

02 사용법

작업 표시줄에서 헤드폰 모양 아이콘 🎧을 클릭하거나, Ctrl + Alt + S를 눌러 센스리더를 실행한다.

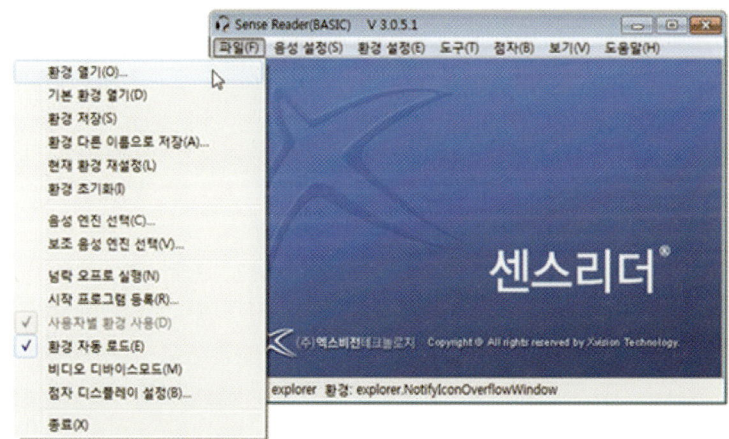

그림 22 센스리더를 실행한 화면

센스리더를 실행한 후에는 자동으로 화면에 나타나는 요소들을 낭독한다. 특정 입력 키로 사용자 조작 명령을 내릴 수 있다.

웹 개발자를 위한 센스리더 가이드

센스리더에 대한 자세한 설명은 3부의 "스크린 리더로 좀 더 의미 있는 테스트를 해 보고 싶다면?(290쪽)"을 참고한다.

뿌리깊은 웹 접근성
사람은 가능하기 위해 끊임없이 고민한다

영어권에서는 장애인을 "Person with disabilities"라고 표현합니다. 한국말로 직역하면 "장애를 가진 사람" 즉, 사람에게 disability라는 조건이 붙은 상태를 말합니다. 다시 말하면 완전히 또 다른 사람이 아닌, 같은 사람이지만 불편한 상황에 처한 사람이라는 뜻이 됩니다.

우리는 일상생활에서 많은 disability를 경험합니다. 휴대전화가 없어서 이동 중에 연락을 할 수 없다거나, 자동차가 없어서 먼 곳을 자유롭게 여행할 수 없는 일들이 그러합니다. 그래서 사람들은 끊임없이 무언가를 가능하게끔 만들기 위해 노력합니다. 휴대전화와 자동차의 발명이 그러한 노력 중 하나이고 결과적으로는 통신과 이동의 보편적인 접근성을 향상시켜주는 것이지요.

이처럼 우리는 항상 "장애환경"에 처해있고, 사람에 따라 상대적인 차이가 있을 뿐 누구나 겪을 수 밖에 없는 어려움이 있습니다. 그래서 장애는 특별하거나 소수의 문제가 아닌 모두의 일상이라고 할 수 있습니다.

모두의 일상에 보편적인 이로움을 고민하는 일. 할 수 없는 일을 할 수 있게 하는 일들이 보다 풍요로운 사회를 만드는 지름길이 될 수 있습니다. 보다 나은 사회의 소통을 위해 웹 접근성을 한번 "근성"을 가지고 시작해보는 건 어떨까요.

2부 적용과 검증

웹 콘텐츠의 접근성을
보장하기 위한 방법과 검증을 **한 번에 해결**

대체 콘텐츠 제공하기
특정 환경에서도 정보 손실이 없게 하기
읽고 이해하기 쉬운 환경 제공하기
충분한 시간 보장하기
발작을 유발하지 않기
키보드 접근성 보장하기
쉽고 빠른 탐색 환경 제공하기
사용자 오류 예방하기

14 대체 콘텐츠 제공하기
그래픽 콘텐츠에 대체 텍스트 제공하기

화면을 보기 어려운 시각 장애인은 스크린 리더나 점자 정보 단말기를 이용해 웹 콘텐츠를 인식한다. 이런 보조기기는 웹 문서 내의 텍스트 정보를 음성이나 점자로 변환한다. 그림이나 사진 같은 그래픽 콘텐츠는 텍스트 정보가 아니므로 보조기기에서 인식할 수 있는 대체 텍스트를 제공해야 한다. 그래픽 콘텐츠를 표현하는 요소로는 〈img〉, 〈input type="image"〉, 〈area〉가 있으며, 대체 텍스트를 제공하는 alt 속성을 함께 지정한다. alt 속성을 지정하지 않았을 때는 보조기기가 파일 이름을 그대로 읽어 주는 것이 일반적이므로 그래픽 콘텐츠가 전달하려는 정보를 인식하기 어렵다. 플래시로 제작된 그래픽 콘텐츠도 예외는 아니다. 무비 클립이나 버튼 심벌을 사용할 때는 name이나 description 속성을 지정해 대체 텍스트를 제공할 수 있다. 대체 텍스트는 그래픽 콘텐츠가 전달하려는 정보를 최대한 포함해야 하며 불필요한 정보는 전달하지 않도록 장식용 이미지에는 대체 텍스트를 제공하지 않는다.

제 323회차 복권 1등 추첨번호

❌ ❌ ❌ ❌ ❌ ❌ + ❌

축하드립니다 !!

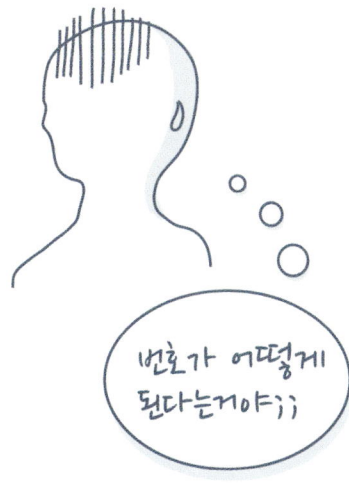

번호가 어떻게 된다는거야;;

01 유형1. 이미지 텍스트, 배너

그래픽 콘텐츠가 텍스트 정보를 포함하는 유형이다. 그림 23은 BAND 앱의 이벤트에 참여를 유도하기 위한 배너로 'A+를 위한 스마트한 팀플 우리끼리 BAND!', '이벤트 참여하기'라는 텍스트 정보가 이미지로 제공되었다.

그림 23 BAND 앱 이벤트 배너

접근성이 좋아요
- alt 속성에 대체 텍스트를 지정한다.
- 배경 이미지로 표현하고 별도의 대체 텍스트를 지정한다.
- 이미지에 포함된 텍스트와 같은 대체 텍스트를 지정한다(예: A+를 위한 스마트한 팀플 우리끼리 BAND! 이벤트 참여하기).

접근성이 부족해요
- alt 속성을 지정하지 않는다.
- alt 속성을 빈 값(alt=" ")으로 지정한다.
- 배경 이미지로 표현하고 별도의 대체 텍스트를 지정하지 않는다.
- 이미지에 포함된 텍스트 중 일부만 대체 텍스트로 지정한다(예: 이벤트 참여하기).

02 유형 2. 아이콘, 아이콘 버튼

그래픽 콘텐츠가 텍스트 없이 심벌로만 정보를 전달하는 유형이다. 그림 24는 네이버 메인 페이지 가장 윗부분에서 제공하는 홈 유형 선택 버튼으로 각 홈 유형을 집, 검색 창, me라는 심벌로 표현했다.

그림 24 네이버 메인의 홈 유형 선택 버튼

접근성이 좋아요

- alt 속성에 대체 텍스트를 지정한다.
- 배경 이미지로 표현하고 별도의 대체 텍스트를 지정한다.
- 아이콘의 뜻을 충분히 전달할 수 있는 대체 텍스트를 지정한다(예: 네이버 홈).

접근성이 부족해요

- alt 속성을 지정하지 않는다.
- alt 속성을 빈 값(alt=" ")으로 지정한다.
- 배경 이미지로 표현하고 별도의 대체 텍스트를 지정하지 않는다.
- 대체 텍스트를 지정하지만 아이콘의 뜻을 충분히 전달하지 못한다(예: 집).

대체 콘텐츠 제공하기

03 유형 3. 그림, 사진

그림, 사진과 같은 그래픽 콘텐츠는 텍스트가 없다는 것이 유형 2와 같지만 더 많은 정보를 함축적으로 표현한다. 그림 25는 체조 동작을 보고 따라 할 수 있는 사진이다. 이 사진을 볼 수 없더라도 동작을 이해할 수 있게 대체 텍스트를 지정해야 한다.

그림 25 네이버캐스트의 건강 체조 중 한 동작

접근성이 좋아요

- alt 속성에 그림이나 사진을 제공하는 목적을 충분히 전달하는 대체 텍스트를 예와 같이 지정한다(예: 두 손을 등 뒤에서 X자로 교차해 잡고 잠시 동안 잡아 당깁니다. 손을 바꿔서도 합니다).
- 그림 26과 같이 그림, 사진을 설명하는 글이 별도로 제공된 경우 alt 속성을 빈 값(alt=" ")으로 지정한다.

그림 26 그림 25에 부연 설명이 추가된 예

접근성이 부족해요

- alt 속성을 지정하지 않는다.
- 대체 텍스트를 지정하지만 그림이나 사진을 제공한 목적을 예와 같이 충분히 전달하지 못한다(예: 운동하는 여자 뒷모습).
- 대체 텍스트를 지정하지만 그림 26과 같이 부연 설명이 있어 콘텐츠가 중복된다.

유형 4. 그래프, 다이어그램

그래프, 다이어그램은 텍스트와 도형이 복합적으로 구성된 정보 형태를 말하며 그림 27과 같은 그래프나 조직도 등이 포함된다. 이 유형은 작은 영역에 많은 정보를 제공한다는 특징이 있다.

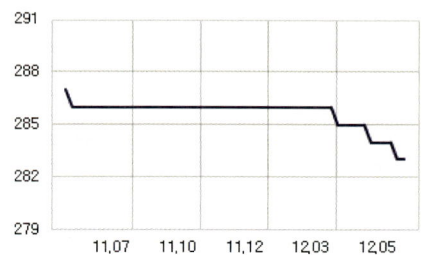

그림 27 네이버 부동산의 시세 변동 그래프

대체 텍스트의 양이 너무 많을 경우 alt 속성 외에도 longdesc 속성을 사용할 수 있다. 그래픽 콘텐츠를 설명하는 별도의 페이지를 생성하고, 아래에 제시된 코드처럼 페이지의 URL을 longdesc 속성 값으로 지정한다. longdesc 속성을 사용했다면 alt 속성에는 간단한 설명만 넣어도 된다.

```
<img src="graph.png" alt="시세변동 추이" longdesc="graph_desc.html" />
```

접근성이 좋아요

- alt 속성 값에 그래프, 다이어그램이 나타내는 정보를 빠짐없이 대체 텍스트로 지정한다(예: 2011년 7월 281만 원, 2011년 10월 281만 원, 2011년 12월 281만 원, 2012년 3월 279만 원, 2012년 5월 277만 원).
- 대체 텍스트의 양이 너무 많으면 longdesc 속성을 이용해 전체 대체 텍스트를 별도 페이지로 지정한다.

- 그림 28과 같이 그래프, 다이어그램이 나타내는 정보를 다른 방식으로 함께 제공하는 경우 alt 속성을 빈 값(alt=" ")으로 지정한다.

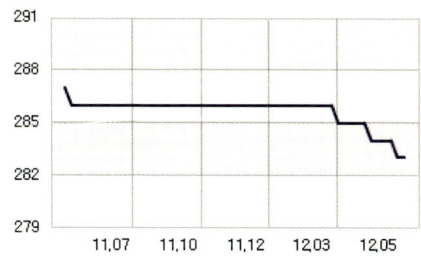

기준일	면적단가
2011.07	281
2011.10	281
2011.12	281
2012.03	279
2012.05	277

그림 28 그래프 정보가 다른 형태로도 제공된 예

접근성이 부족해요

- alt 속성을 지정하지 않는다.
- 대체 텍스트를 지정하지만 그래프, 다이어그램이 나타내는 정보를 정확히 알 수 없다(예: 시세변동 추이 그래프).
- 대체 텍스트를 지정하지만 그래프, 다이어그램이 나타내는 정보를 그림 28과 같이 다른 방식으로도 제공하고 있어 콘텐츠가 중복된다.

05 유형 5. QR 코드

QR(Quick Response) 코드는 바코드의 진화된 형태로 특정 콘텐츠로 이동하는 URL 정보를 포함하고 있다. 그림 29는 네이버 앱 QR 코드로, 네이버 앱 다운로드 URL 정보를 포함하고 있으며 QR 코드를 볼 수 없는 시각 장애 환경에서도 다운로드 URL을 인식할 수 있어야 한다.

그림 29 QR 코드의 URL 정보를 휴대폰으로 전송할 수 있는 예

접근성이 좋아요

- alt 속성에 QR 코드의 의미와 URL 정보를 함께 지정한다(예: 네이버 앱 QR 코드 http://me2.do/naver).
- alt 속성에 QR 코드의 의미(예: 네이버 앱 QR 코드)만 제공하고 그림 29와 같이 URL 정보를 휴대폰으로 전송받는 기능을 제공한다.

접근성이 부족해요

- alt 속성을 지정하지 않는다.
- alt 속성을 빈 값(alt=" ")으로 지정한다.
- 대체 텍스트를 지정했지만 QR 코드의 URL 정보를 알 수 없으며 휴대폰으로 전송받는 기능도 제공하지 않는다.

06 유형 6. 불릿, 장식 이미지

그림 30과 같이 이미지 자체가 정보를 전달하지 않고, 장식을 위해 사용된 경우 대체 텍스트를 제공하지 않는다. 이때, alt 속성을 선언조차 하지 않는다면 보조기기가 파일 이름을 출력하기 때문에 alt 속성을 선언하되 빈 값으로 지정한다.

그림 30 네이버 지식iN에 사용된 장식 이미지(빨간색 테두리)

접근성이 좋아요

- alt 속성을 빈 값(alt=" ")으로 지정한다.
- 배경 이미지로 표현하고 별도의 대체 텍스트를 지정하지 않았다.

접근성이 부족해요

- alt 속성을 지정하지 않는다.
- alt 속성 값에 불필요한 정보를 지정한다(예: 물음표).

07 유의 사항. 대체 텍스트와 툴팁 구분하기

링크 또는 버튼 위에 마우스 포인터를 올리면 그림 31과 같이 툴팁이 나타날 때가 있다. 툴팁의 내용이 그래픽 콘텐츠가 전달하려는 정보와 같을 때가 많으므로 '툴팁=대체 텍스트'라고 생각하기 쉽다. 실제로 인터넷 익스플로러 7까지는 alt 속성의 대체 텍스트가 툴팁으로 표시되기도 했다.

그림 31 마우스 포인터를 올렸을 때 툴팁이 표시된 예

하지만 alt 속성은 대체 텍스트를 지정하기 위한 속성으로 스크린 리더나 점자 정보 단말기처럼 그래픽 콘텐츠를 표현할 수 없을 때 나타난다. 이와 달리 title 속성은 보조 정보를 의미하며 사용자 에이전트에 따라 다양한 방법으로 표현될 수 있다. 일반적인 웹 브라우저에는 툴팁으로 표시되고 스크린 리더에는 title 속성 읽기(또는 툴팁 읽기) 설정을 해야만 음성으로 출력된다. 인터넷 익스플로러 8 이후부터는 이전보다 HTML 문서를 표준 규격에 맞게 해석해 그래픽 콘텐츠에 title 속성을 지정하지 않는 한 그림 32와 같이 alt 속성을 지정한 것만으로는 툴팁이 표시되지 않는다.

그림 32 마우스 포인터를 올렸을 때 툴팁이 표시되지 않는 예

만약 인터넷 익스플로러 8 이상 또는 크롬, 파이어폭스에서 그래픽 콘텐츠에 마우스 포인터를 올렸을 때 툴팁이 표시된다면 alt 속성 때문이 아니라 title 속성을 선언했기 때문이다.

그림 33은 '내 정보 관리하기'라는 같은 목적의 버튼을 하나는 텍스트 형태로, 하나는 심벌로 표현한 예다. 두 버튼 모두 그래픽 콘텐츠이기 때문에 alt 속성을 반드시 선언해서 대체 텍스트를 지정해야 한다. ❶번 버튼은 '내 정보 관리하기'라는 텍스트가 직접 명시돼 있어 버튼의 역할임을 쉽게 이해할 수 있다. 하지만 ❷번 버튼은 보조 정보가 없으면 버튼 역할임을 쉽게 인지하지 못한다. 이때 도움을 줄 수 있는 것이 바로 title 속성이다.

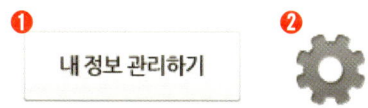

그림 33 두 가지 종류의 내 정보 관리하기 버튼

❷번 버튼에 title 속성을 선언하면 그림 34와 같이 마우스 포인터를 올렸을 때 '내 정보 관리하기'라는 툴팁이 제공되어 버튼의 의미를 더욱 명확하게 이해할 수 있다. 이처럼 대체 텍스트와 툴팁으로 표현되는 보조 정보는 엄밀히 다르기 때문에 툴팁을 제공했다고 해서 대체 텍스트를 제공하지 않는 일은 없어야 한다.

그림 34 아이콘 버튼에 툴팁을 제공한 예

08 확인 방법1. 전경 이미지의 대체 텍스트

준비 도구 - N-WAX

설치 및 실행 방법은 1부의 "N-WAX(42쪽)"를 참고한다.

1. 확인하려는 웹 페이지를 연 뒤 N-WAX를 실행한다.
2. '1.1.1 대체 텍스트(img)' 항목을 선택해 페이지에 포함된 전경 이미지 목록을 확인한다. alt 속성 값이 있는 경우 그림 35와 같이 흰 셀로 표시되며 대체 텍스트 내용이 이미지의 대체 텍스트로 적절한지 확인한다.

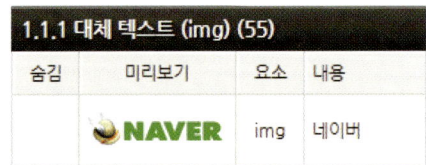

그림 35 N-WAX의 '1.1.1 대체 텍스트(img)' 항목을 펼친 화면

3. alt 속성이 빈 값일 경우 그림 36과 같이 노란 셀로 표시되며 빈 값으로 제공되는 것이 맞는지 확인하다.

그림 36 alt 속성이 빈 값인 결과 화면

4. alt 속성이 없는 경우 그림 37과 같이 빨간 셀로 표시되며 개선이 필요하다.

그림 37 alt 속성이 선언되지 않은 결과 화면

09 확인 방법2. 배경 이미지의 대체 텍스트

준비 도구 - N-WAX

설치 및 실행 방법은 1부의 "N-WAX(42쪽)"를 참고한다.

1. 확인하려는 웹 페이지를 연 뒤 N-WAX를 실행한다.
2. '1.1.1 대체 텍스트(bg)' 항목을 선택해 페이지에 포함된 배경 이미지 목록을 확인한다. 배경 이미지가 정보를 전달하고 있는 경우 대체 텍스트가 적절한지 확인한다.

그림 38 N-WAX의 '1.1.1 대체 텍스트(bg)' 항목을 펼친 화면

3. 그림 39와 같이 배경 이미지가 장식용으로 사용된 경우는 무시한다.

숨김	미리보기	내용
	T	시스템글꼴

그림 39 배경 이미지가 장식용으로 사용된 예

10 확인 방법3. 플래시 콘텐츠의 대체 텍스트

준비 도구 - UIA Verify

설치 및 실행 방법은 1부의 "UIA Verify(50쪽)"를 참고한다.

1. UIA Verify를 실행한다.
2. 확인하려는 플래시 콘텐츠를 마우스 포커스로 선택할 수 있게 그림 40과 같이 **Mode > Hover Mode** 메뉴를 선택한다.

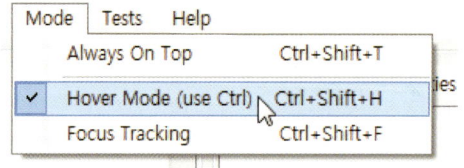

그림 40 UIA Verify의 모드 선택 화면

3. 플래시가 포함된 웹 사이트를 연 뒤 **Ctrl** 키를 눌러 마우스 포커스를 플래시 콘텐츠 위에 올려두면 그림 41과 같이 선택된 플래시 콘텐츠에 격자 테두리가 표시된다.

그림 41 UIA Verify에서 플래시 콘텐츠가 바르게 선택된 화면

4. UIA Verify의 **Automation Elements Tree** 영역에서 선택된 플래시 콘텐츠의 대체 텍스트를 확인한다. 대체 텍스트가 바르게 제공되면 그림 42와 같이 플래시 요소 속성과 대체 텍스트가 표시된다.

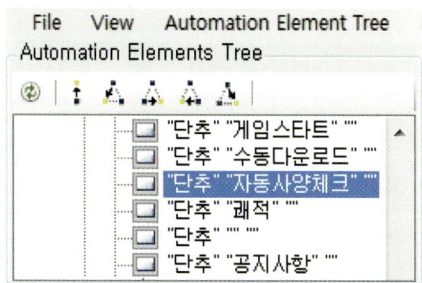

그림 42 플래시 콘텐츠의 대체 텍스트가 바르게 제공된 예

5. 대체 텍스트가 제공되지 않으면 그림 43과 같이 빈 값으로 표시된다.

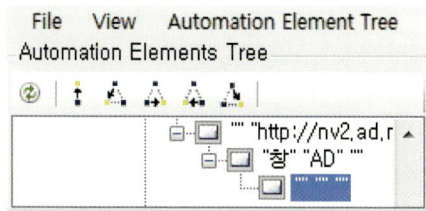

그림 43 플래시 콘텐츠의 대체 텍스트가 제공되지 않은 예

대체 콘텐츠 제공하기
영상, 음성 콘텐츠에 자막이나 원고 또는 수화 제공하기

영상에 음성 정보가 포함된 경우 소리를 들을 수 없는 청각 장애인을 위해 자막이나 원고 또는 수화를 함께 제공해야 한다. 자막과 수화는 영상과 동기화되는 것이 좋으며, 원고는 영상 바로 옆에 위치하는 것이 좋다. 영상으로만 정보를 전달하는 경우 시각 장애인을 위해 영상에 포함된 텍스트 정보와 화면 설명을 음성이나 원고로 제공한다.

대체 콘텐츠 제공하기

01 유형 1. 영상과 음성을 모두 제공하는 콘텐츠

영상과 음성을 모두 제공하는 콘텐츠란 정보를 전달하는 수단으로 영상과 음성을 모두 활용하는 유형을 말한다. 인터뷰 영상은 음성 정보의 비중이 큰 편이지만, 뉴스처럼 영상과 음성 정보가 밀접한 관련이 있어 둘 중 하나라도 접근하지 못할 경우 정보를 인식하기가 어려울 수 있다. 자막, 원고, 수화 등을 제공하여 청각 장애 환경에서는 눈으로 음성 정보를 확인할 수 있게 한다.

접근성이 좋아요

- 그림 44와 같이 영상과 동기화된 자막을 제공한다. 자막은 사용자의 설정에 따라 활성화/비활성화할 수 있는 닫힌 자막 형태로 제공해 청각 장애가 없더라도 유용하게 사용할 수 있게 하는 것이 좋다.

그림 44 영상, 음성 정보에 자막을 함께 제공한 예

닫힌 자막과 열린 자막

자막은 닫힌 자막과 열린 자막으로 나뉜다. 닫힌 자막은 영상과 자막 파일이 별도로 존재한다. 청각 장애가 있는 사람들을 위해 처음 고안됐으며, 언어 정보뿐 아니라 '기침 소리', '문이 쾅 닫힌다.'와 같은 모든 소리 정보를 전달하는 것이 원칙이다. 닫힌 자막의 예로 생방송 내용을 속기사가 실시간으로 타이핑해서 자막으로 제공하는 것을 들 수 있다. 열린 자막은 영상에 자막을 포함해 제공하는 것을 의미한다. 뉴스에서 인터뷰 내용을 자막으로 처리해 보여 주는 것을 예로 들 수 있다.

- 그림 45와 같이 영상과 동기화된 수화를 제공한다.

그림 45 영상, 음성 정보에 수화를 함께 제공한 예(출처: SBS NEWS)

- 그림 46과 같이 영상과 같은 화면에 원고를 제공한다.

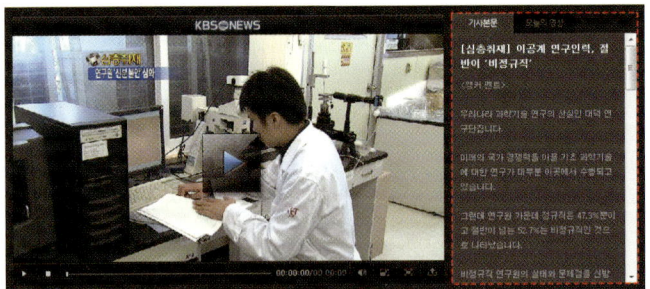

그림 46 영상, 음성 정보에 원고를 함께 제공한 예(출처: KBS NEWS)

- 웹 페이지에 바로 표시하지 않고 파일로 제공하는 영상, 음성 정보는 다운로드할 때 자막이나 원고 또는 수화도 함께 받을 수 있게 한다.

접근성이 부족해요
- 자막, 원고, 수화 중 어느 것도 제공하지 않는다.
- 자막, 원고, 수화 대신 콘텐츠의 제목이나 요약 정보만 제공한다(예외: 생방송과 같은 실시간 콘텐츠).

02 유형 2. 영상만 제공하는 콘텐츠

영상만 제공하는 콘텐츠란 음성 없이 영상만으로 정보를 전달하는 유형을 말한다. 주로 서비스 소개, 프로모션 영상이 여기에 해당한다. 시각 장애 환경에서도 소리로 정보를 인식하게 한다.

접근성이 좋아요

- 그림 47과 같이 영상에 포함된 텍스트 정보와 화면 설명을 원고로 제공한다. 웹 페이지에 바로 표시하지 않고 파일로 제공하는 영상 정보는 다운로드할 때 원고도 함께 받을 수 있게 한다.

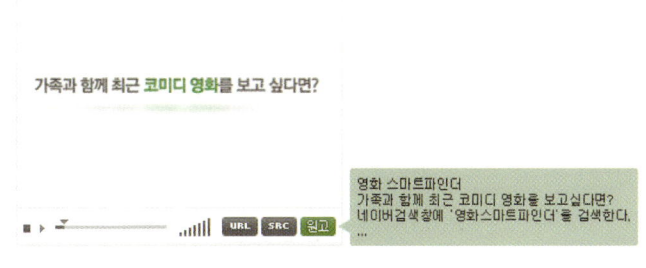

그림 47 영상 콘텐츠에 음성을 함께 제공한 예

접근성이 부족해요

- 영상이 정보를 전달하고 있지만 같은 수준의 음성 정보 또는 원고를 제공하지 않는다.

03 유형 3. 음성만 제공하는 콘텐츠

영상 없이 음성만으로 정보를 전달하는 유형으로 오디오 드라마를 예로 들 수 있다. 소리를 들을 수 없는 청각 장애 환경에서도 눈으로 정보 인식이 가능하게 한다.

접근성이 좋아요

- 음성 정보와 같은 수준의 원고 또는 수화를 제공한다. 그림 48은 문학 정보의 음원과 원고를 함께 제공한 화면이다.
- 웹 페이지에 바로 표시하지 않고 파일로 제공하는 음성 정보는 원고나 수화도 함께 받을 수 있게 한다.

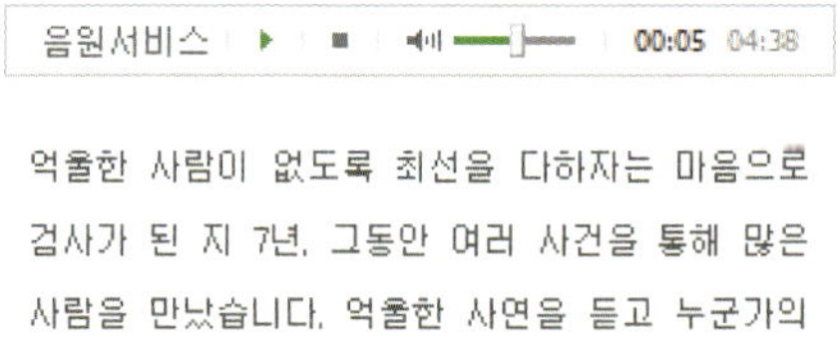

그림 48 음성 정보와 원고를 함께 제공한 예

접근성이 부족해요

- 원고, 수화 중 어느 것도 제공하지 않는다.

04 확인 방법. 자막이나 원고, 수화 제공 여부

준비 도구 - 없음

눈으로 직접 확인한다.

1. 영상, 음성 콘텐츠가 포함된 웹 페이지를 연다. 이런 유형의 콘텐츠는 한정된 페이지에서 제공될 때가 많으므로 페이지의 위치를 미리 파악해 두면 좀 더 편리하게 확인할 수 있다.
2. 영상과 음성을 함께 제공하는 콘텐츠에 자막이나 원고, 또는 수화를 제공하는지 확인한다.
3. 영상만 제공하는 콘텐츠에 영상을 통해 전달하려는 정보를 원고로도 제공하는지 확인한다.
4. 음성만 제공하는 콘텐츠에 음성 정보와 같은 수준의 원고 또는 수화를 제공하는지 확인한다.

대체 콘텐츠 제공하기
16 캡차에 대체 수단 제공하기

캡차(CAPTCHA, Completely Automated Public Turning test to tell Computers and Humans Apart)는 사람과 컴퓨터를 구분해서, 로봇으로 자동 가입하거나 무분별하게 글을 작성하는 것을 방지하는 기술이다. 문자를 비틀고 찌그러뜨려 컴퓨터가 인식하기 어려운 형태로 만든다. 하지만 이미지로 제공하는 캡차는 컴퓨터뿐 아니라 시각 장애인도 인식할 수 없다. 더군다나 문자의 모양이 심하게 변형되면 장애를 갖고 있지 않더라도 어떤 문자인지 알기 어렵다. 따라서 캡차를 제공할 때는 시각 장애 환경에서도 접근 가능한 대체 수단을 제공하는 것이 좋다.

mvaumwwu?

대체 콘텐츠 제공하기

01 유형. 이미지 캡차

이미지 캡차는 자동 가입을 방지하기 위해 그림 49와 같이 변형된 문자를 이미지로 제공하는 유형을 말한다.

그림 49 이미지 캡차 예

접근성이 좋아요

- 그림 50과 같이 시각 장애인도 인식할 수 있는 음성 캡차를 이미지 캡차와 함께 제공한다.

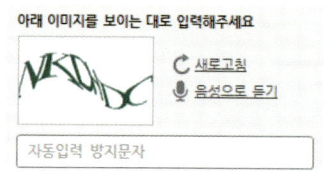

그림 50 이미지 캡차와 음성 캡차를 함께 제공한 예

접근성이 부족해요

- 시각 장애 환경에서 인식할 수 있는 대체 수단 없이 이미지 캡차만 제공한다.

02 확인 방법. 음성 캡차 제공 여부

준비 도구 - 없음

눈으로 직접 확인한다.

1. 캡차를 제공하는 웹 페이지를 연다. 이런 유형의 콘텐츠는 한정된 페이지에서 제공할 때가 많으므로 페이지의 위치를 미리 파악해 두면 더욱 편리하게 확인할 수 있다.
2. 이미지 캡차와 음성 캡차를 함께 제공하는지 확인한다.

**특정 환경에서도
정보 손실이 없게 하기**

색상, 크기, 방향, 위치, 음향 효과만으로 정보 전달하지 않기

17

그래프나 다이어그램에서 색상으로 정보를 구분할 때가 있다. 색상만으로 정보를 전달하면 색 구분이 어려운 사용자나 흑백 프린터로 출력할 때 정보를 인식하기가 어렵다. '오른쪽 버튼을 클릭하세요.'나 '둥근 영역을 클릭하세요.'와 같이 방향, 위치, 크기, 모양만으로 정보를 제공하면 시각 장애인은 해당 정보에 접근할 수 없다. 제한된 시간이 끝났거나 동작이 완료됐음을 음향 효과로 알리면 청각 장애인이 인식할 수 없다. 다양한 장애 환경에서도 정보의 손실이 발생하지 않도록 한 가지 수단만으로 정보를 전달하지 않는 것이 좋다.

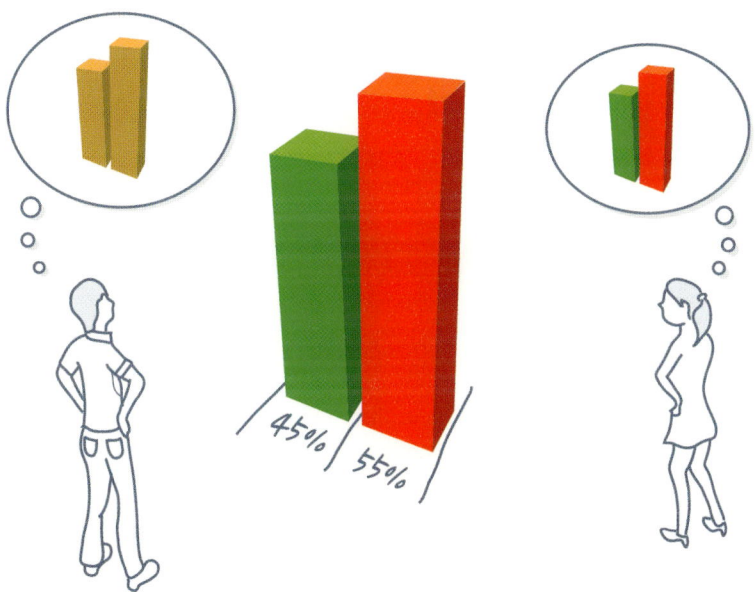

적록색맹 (red-green blindness)

특정 환경에서도 정보 손실이 없게 하기

01 유형 1. 그래프

2개 이상의 데이터를 효과적으로 비교하기 위해 그래프로 표현하고 각 데이터를 색상으로 구분하면 그림 51과 같이 특정 색을 구분하기 어려운 사용자는 그래프에 표시된 직선이 어떤 데이터와 관련이 있는지 알 수 없다. '색맹', '색약'과 같은 시각 장애 환경에서도 그래프가 전달하는 정보의 손실이 없게 한다.

그림 51 그래프의 데이터 구분을 색상만으로 제공한 예

접근성이 좋아요

- 그림 52와 같이 색을 구분할 수 없는 환경에서도 그래프를 바르게 인식할 수 있게 도형으로 표시된 데이터의 값과 데이터의 레이블(방문자 수, 방문 횟수, 페이지뷰)을 연결한다.

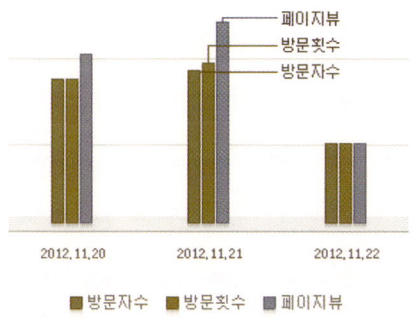

그림 52 도형으로 표시된 데이터 값과 레이블을 연결한 예

- 그림 53과 같이 각 데이터를 색 외에 무늬나 크기로도 구분할 수 있게 한다.

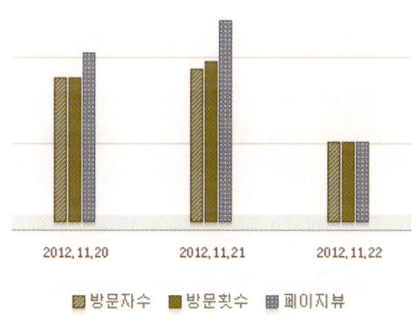

그림 53 데이터의 구분을 색과 무늬로 제공한 예

접근성이 부족해요
- 그래프의 각 데이터를 색상으로만 구분한다.

특정 환경에서도 정보 손실이 없게 하기 **97**

02 유형 2. 페이지 내비게이션

페이지 내비게이션은 여러 페이지로 나눈 웹 콘텐츠를 탐색할 수 있는 UI(User Interface) 요소다. 그림 54에서 볼 수 있는 페이지 내비게이션은 현재 탐색하고 있는 페이지 정보(3)와 이동할 수 있는 있는 페이지 정보(1, 2, 4, 5)를 나타내고 있다. 그러나 두 정보를 색상으로만 구분했기 때문에 색을 구분하기 어려운 시각 장애 환경에서는 현재 탐색하고 있는 페이지 정보를 알기 어렵다.

| 1 | 2 | 3 | 4 | 5 |

그림 54 페이지 내비게이션

접근성이 좋아요

- 선택된 페이지와 선택하지 않은 페이지를 색상 외에도 숫자의 크기, 굵기, 폰트 스타일을 다르게 해서 구분한다.
- 그림 55와 같이 선택된 페이지에는 배경이나 테두리를 지정해 다른 페이지와 구분한다.

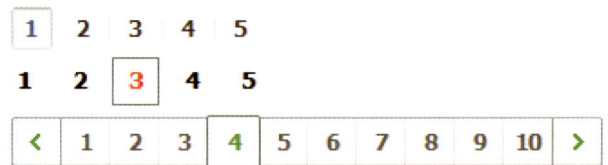

그림 55 선택된 페이지를 색상 외에 다른 방법으로 구분한 예

- 그림 56과 같이 각 페이지를 숫자가 아닌 도형으로 표현하면 선택된 페이지를 색상 외에 명암도 다르게 해서 구분한다. 모니터의 설정과 상관없이 두 정보가 명확하게 구분되게 한다.

그림 56 선택된 페이지를 색상과 명암으로 구분한 예

접근성이 부족해요
- 선택된 페이지를 색상으로만 구분한다.

03 유형 3. 지시 정보

특정 영역을 가리키거나 필수 입력 항목을 표시하기 위해 방향, 위치, 색상, 크기와 같은 정보를 활용할 수 있다. 그러나 한 가지 수단으로만 지시하면 특정 장애 환경에서는 인식할 수 없으므로 다양한 방법으로 정보를 전달하는 것이 좋다. 가장 좋은 방법은 지시하는 대상을 직접 가리키는 것이다.

접근성이 좋아요

- 지시하는 대상의 이름을 직접 표시한다. 그림 57은 북마크 설치 도움말이다. 사용자가 접근해야 하는 옵션, 버튼을 '네이버 툴바 다운로드', '실행'과 같이 직접 가리키고 있다. 물론 '왼쪽에 있는 북마크'라는 문구에 방향 정보가 있긴 하지만 '북마크'라는 정확한 이름을 함께 표시하고 있어 방향을 몰라도 '북마크' 옵션을 선택할 수 있다.

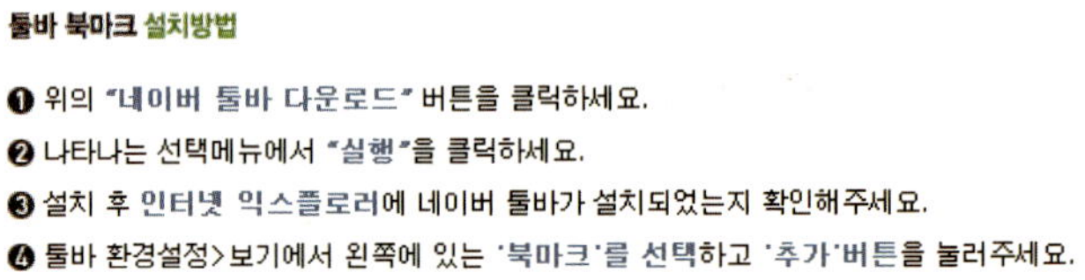

툴바 북마크 설치방법

❶ 위의 "네이버 툴바 다운로드" 버튼을 클릭하세요.
❷ 나타나는 선택메뉴에서 "실행"을 클릭하세요.
❸ 설치 후 인터넷 익스플로러에 네이버 툴바가 설치되었는지 확인해주세요.
❹ 툴바 환경설정>보기에서 왼쪽에 있는 '북마크'를 선택하고 '추가' 버튼을 눌러주세요.

그림 57 북마크 설치에 필요한 지시 정보를 직접적으로 제시한 예

- 그림 58과 같이 입력 서식에서 필수 입력 항목을 기호로 가리키거나 '필수 입력'임을 직접 표기한다. 기호로 나타낼 때는 화면을 볼 수 없는 시각 장애인을 고려해 '필수 입력'이라는 대체 텍스트를 제공한다.

그림 58 필수 입력 항목을 동그란 점으로 표시한 예

접근성이 부족해요

- 그림 59는 지시 정보를 방향, 위치, 색상, 크기 중 한 가지 수단으로만 제공한 경우다. '메일 세부분류'라는 지시 정보를 '아래 목록', '좌측 메뉴'와 같이 방향으로만 가리킨 예로 '원하시는 도움말을 세부분류에서 찾아 보세요.'와 같이 지시 대상을 직접 가리켜야 한다.

그림 59 지시 정보를 방향으로만 가리킨 예

04. 확인 방법. 여러 개의 지시 수단 제공 여부

준비 도구 - 없음

눈으로 직접 확인한다.

1. 확인하려는 웹 페이지를 연다.
2. 그래프와 페이지 내비게이션은 색상 외에 정보를 구분하는 수단이 더 있는지 확인한다.
3. 특정 영역을 가리키는 안내 문구가 색상, 방향, 위치, 크기 중 한 가지 방법으로만 제공하지 않고 여러 개의 지시 수단을 함께 제공하고 있는지 확인한다.
4. 입력 서식의 필수 입력 항목을 기호로 구분했거나 '필수 입력'이라고 직접 알려 주고 있는지 확인한다.

특정 환경에서도
정보 손실이 없게 하기
웹 문서에 문법 오류 없게 하기

HTML은 웹 문서를 생성할 수 있는 마크업 언어로 웹 브라우저와 보조기기가 일관된 방식으로 사용자에게 콘텐츠를 전달하도록 표준으로 정하고 있다. 표준을 따르지 않으면 웹 브라우저와 보조기기가 콘텐츠를 잘못 해석할 수 있기 때문에 웹 문서에는 표준에 어긋나는 문법 오류가 없어야 한다. 문법 오류는 화면에 표시된 웹 콘텐츠를 보거나 마우스로 동작할 때는 문제가 없더라도 스크린 리더나 키보드를 사용할 때는 문제를 야기할 수 있으므로 주의한다.

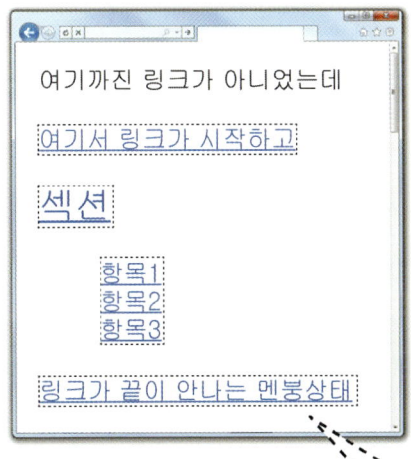

HTML CODE

```
<p>여기까진 링크가 아니었는데</p>
<a href="#">여기서 링크가 시작하고
<div>
   <h2>섹션</h2>
   <ul>
   <li>항목1</li>
   <li>항목2</li>
   <li>항목3</li>
   </ul>
</div>
<p>링크가 끝이 안나는 멘붕상태</p>
```

01 유형 1. 태그의 열고 닫음

대부분의 프로그래밍 언어가 그렇듯 HTML 역시 요소의 시작과 끝을 알리기 위한 시작 태그, 종료 태그가 있다. 다음은 공지사항 목록을 HTML로 작성한 예다. 목록의 시작을 알리는 〈ul〉 태그가 가장 먼저 선언됐으며, 각 목록은 〈li〉로 시작해 〈/li〉로 끝난다. 목록 안의 링크는 〈a〉로 시작해서 〈/a〉로 끝난다. 마지막에는 〈/ul〉 태그가 선언되어 목록의 끝임을 명시한다. 여기서 언급한 태그 중 하나라도 빠뜨리면 문법 오류가 발생해 웹 브라우저나 보조기기가 공지사항 목록을 정상적으로 출력할 수 없다.

```
<ul>
<li><a href="…">네이버 오피스 서비스 출시에 따른 안내</a></li>
<li><a href="…">네이버 홈의 미니 네이버 me 개선 안내</a></li>
<li><a href="…">네이버 홈 콘텐츠 영역 개편에 대한 안내</a></li>
</ul>
```

접근성이 부족해요

- 시작 태그(〈h1〉)는 있지만 종료 태그(〈/h1〉)를 선언하지 않는다.

```
<h1><a href="http://naver.com">네이버</a>
```

- 시작 태그(〈h1〉) 없이 종료 태그(〈/h1〉)만 선언한다.

```
<a href="http://naver.com">네이버</a></h1>
```

- 시작 태그와 종료 태그는 모두 선언하지만 종료 태그의 선언 위치가 잘못됐다.

```
<h1><a href="http://naver.com">네이버</h1></a>
```

02 유형 2. 속성 선언

HTML은 요소마다 속성을 지정할 수 있다. 아래 제시된 코드는 이미지 요소에 파일 경로, 너비, 높이, 대체 텍스트 속성을 지정한 예다.

```
<img src="h_golink.png" width="38" height="13" alt="바로가기" />
```

속성도 표준에 맞게 선언해야 웹 브라우저와 보조기기가 웹 문서를 올바르게 해석할 수 있다. 만약 대체 텍스트를 제공하기 위해 alt 속성을 두 번 선언하고 속성 값을 다르게 지정했다면 나중에 선언한 alt 속성은 무시된다.

또한 속성으로 인식하려면 등호(=)나 따옴표(" ")를 바르게 사용해야 한다. 등호가 빠져 있거나 따옴표를 일관되게 사용하지 않으면 웹 브라우저와 보조기기가 속성을 제대로 인식할 수 없다.

접근성이 부족해요

- 따옴표를 닫지 않는다.

```
<img src="h_golink.png" width="100" height="100" alt="바로가기 />
```

- 등호가 빠져 있다.

```
<img src="h_golink.png" width="100" height="100" alt"바로가기" />
```

- 같은 속성을 두 번 선언한다.

```
<img src="h_golink.png" width="100" height="100" alt="바로가기" alt="관련링크" />
```

- 특정 값을 요구하는 속성에 잘못된 값을 지정한다. disabled 속성은 속성 값을 disabled로만 지정할 수 있다.

```
<label for="srch_bus">버스번호</label><input type="text" id="srch_bus" disabled="yes" />
```

03 유형 3. 중복 id

id는 웹 문서에 포함된 수십, 수백 개의 HTML 요소 중 단 한 개를 가리키는 데 사용하는 속성이다. 따라서 같은 id를 한 문서에 여러 번 선언할 때 기능 오류가 발생한다. 그림 60은 네이버 메인에서 My 메뉴로 등록할 서비스를 선택하는 화면으로 '밴드'를 선택한 상태다. 첫 번째 체크 박스가 '메모'와 연관이 있고 두 번째 체크 박스가 '쿠폰'과 연관이 있다는 것을 웹 브라우저와 보조기기에 전달하기 위해 id 속성을 사용한다. 만약 같은 id를 여러 번 사용한다면 화면에서는 '밴드'를 선택했지만 스크린 리더에서는 '메모'를 선택한 것과 같은 오류가 발생할 수 있다.

신규 서비스 [?]
- ☐ 메모
- ☐ 쿠폰
- ☐ 오피스
- ☑ 밴드

그림 60 서비스 선택 목록

접근성이 부족해요

- 같은 id(nsvc)를 여러 번 사용한다.

```
<input type="checkbox" id="nsvc" /><label for="nsvc">메모</label>
<input type="checkbox" id="nsvc" /><label for="nsvc">쿠폰</label>
<input type="checkbox" id="nsvc" /><label for="nsvc">오피스</label>
<input type="checkbox" id="nsvc" /><label for="nsvc">밴드</label>
```

04 확인 방법. 문법 오류 검사(W3C Validation)

준비 도구 - N-WAX

설치 및 실행 방법은 1부의 "N-WAX(42쪽)"를 참고한다.

1. 확인하려는 웹 페이지를 연 뒤 N-WAX를 실행한다.
2. '2.2.1 W3C Validation' 항목을 선택해 문법 오류 여부를 확인한다. 페이지에 포함된 프레임 콘텐츠도 함께 확인할 수 있다. 문법 오류가 없으면 그림 61과 같이 흰 셀로 표시된다.

그림 61 N-WAX의 '2.2.1 W3C Validation' 항목을 펼친 화면

3. 문법 오류가 있으면 그림 62와 같이 빨간 셀로 표시되며 오류 항목 수가 나타난다. 오류가 발생한 페이지를 선택하면 오류 내용과 발생한 위치를 자세히 알 수 있다.

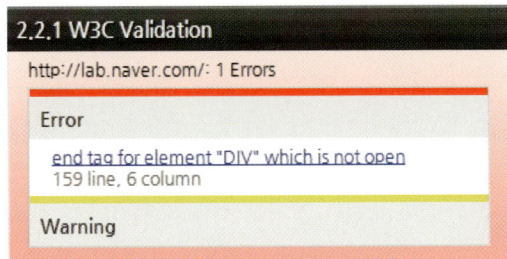

그림 62 문법 오류가 발생한 페이지의 상세 결과 화면

19 특정 환경에서도 정보 손실이 없게 하기
표 바르게 지정하기

표는 행(Row)과 열(Column)로 구성된 2차원 정보를 나타낸다. 일반적으로 표의 첫 행 또는 첫 열을 제목 셀로 만들며 배경을 더 진하게 하거나 굵은 폰트로 표시하기 때문에 데이터의 이름을 표시하는 제목 셀과 데이터를 표시하는 내용 셀을 쉽게 구분할 수 있다. 따라서 제목 셀만 훑어봐도 표에서 전달하려는 정보가 무엇인지 쉽게 파악할 수 있다. 하지만 스크린 리더와 점자 정보 단말기에서 표를 인식하는 방법은 약간 다르다. 첫 행, 첫 열의 셀부터 세로 방향, 또는 가로 방향으로 한 셀씩 이동하며 표의 내용을 파악해야 한다. 웹 브라우저뿐 아니라 보조기기에서도 표를 바르게 출력할 수 있도록 표는 HTML ⟨table⟩ 요소로 마크업한다. 제목 셀과 내용 셀을 시각적으로 다르게 표현한 것처럼 제목 셀은 ⟨th⟩ 요소로, 내용 셀은 ⟨td⟩ 요소로 마크업한다. 또한 전체 셀을 탐색하지 않아도 표의 내용을 쉽게 파악할 수 있게 표의 제목은 ⟨caption⟩ 요소로, 표의 구조나 요약 정보는 ⟨table⟩ 요소의 summary 속성으로 나타낸다. summary 속성은 시각 장애 환경에서 표를 이해하는 데 도움이 되는 보조 정보로, 화면에 표시되지는 않지만 보조기기로는 인식할 수 있다.

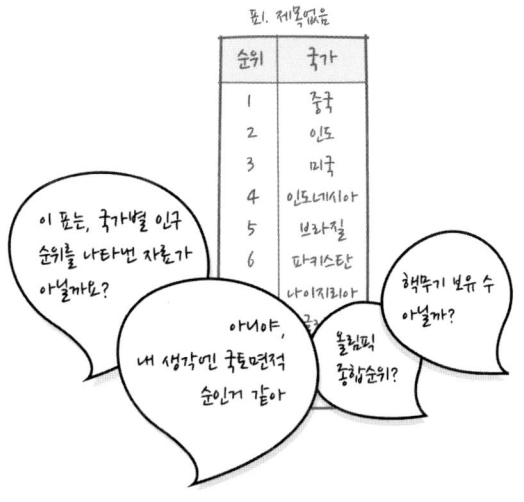

특정 환경에서도 정보 손실이 없게 하기

01 유형. 정보 전달을 위한 표

그림 63은 네이버 부동산에서 선택한 매물의 면적별 시세 정보를 전달하기 위한 3행 3열의 표다. 표의 제목은 '면적별 시세'이며 제목 셀은 1행, 내용 셀은 2, 3행이다. 각 면적 값에 따른 매매가, 전세가를 각각 보여주는 표이므로 1열의 면적 값(159B, 195) 역시 제목 셀에 해당한다. 1행의 제목 셀은 같은 열의 내용 셀과 연관이 있으며 1열의 제목 셀은 같은 행의 내용 셀과 연관이 있다.

면적별 시세

면적(m²)	매매가(만원)	전세가(만원)
159B	74,500	33,500
195	87,500	38,000

그림 63 정보 전달을 위해 제공된 표

접근성이 좋아요

- 표의 제목에는 〈caption〉 요소를 사용한다.

```
<table>
<caption>면적별 시세</caption>
...
```

- 표의 내용과 구조를 이해하기 쉽도록 summary 속성을 지정한다.

```
<table summary="이 표는 총 3열로 구성되었으며 1열은 선택한 부동산 매물의
면적을, 2열은 면적별 매매가를, 3열은 면적별 전세가를 나타낸다.">
<caption>면적별 시세</caption>
...
```

- 제목 셀에는 〈th〉 요소, 내용 셀에는 〈td〉 요소를 사용한다.

```
<th scope="row">159B</th>
<td>74,500</td>
<td>33,500</td>
```

- 제목 셀이 같은 열의 내용 셀과 연결되도록 〈th〉 요소의 scope 속성 값을 col로 지정한다.

```
<th scope="col">면적(㎡)</th>
<th scope="col">매매가(만원)</th>
<th scope="col">전세가(만원)</th>
```

- 제목 셀이 같은 행의 내용 셀과 연결되도록 〈th〉 요소의 scope 속성 값을 row로 지정한다.

```
<th scope="row">195</th>
<td>87,500</td>
<td>38,000</td>
```

접근성이 부족해요

- 표 제목을 나타내는 〈caption〉 요소를 선언하지 않는다.
- 표 제목으로 〈caption〉 요소를 사용하는 대신 〈table〉 요소의 summary 속성을 사용한다.

```
<table summary="면적별 시세">
```

- 표 제목을 〈caption〉 요소와 〈table〉 요소의 summary 속성으로 중복해서 사용한다.

```
<table summary="면적별 시세">
<caption>면적별 시세</caption>
```

- 제목 셀에 〈th〉 요소를 사용하지 않는다.

```
<td>면적(㎡)</td>
<td>매매가(만원)</td>
<td>전세가(만원)</td>
```

- 제목 셀에 〈th〉 요소를 사용했으나 scope 속성으로 내용 셀과 연결하지 않는다.

```
<th>195</th>
<td>87,500</td>
<td>38,000</td>
```

02 유의 사항. 콘텐츠 배치를 위한 표

표를 의미하는 〈table〉 요소를 사용하면 격자형 레이아웃을 쉽게 만들 수 있기 때문에 행과 열로 구성된 2차원의 정보를 전달하기 위해서가 아니라 콘텐츠를 배치할 때도 표를 사용하는 경우가 있다. 시각적인 표현을 위해 HTML 요소를 선택하는 것은 웹 표준에 적합한 방식이 아니며 보조기기로 콘텐츠를 인식하는 시각 장애인에게 혼란을 줄 수 있다. 그림 64는 콘텐츠를 배치하기 위해 〈table〉 요소를 사용한 예로 사전 메뉴와 검색 영역을 〈td〉 요소로 구분했다. 시각 장애인이 보조기기로 표에 접근하면 표의 제목을 먼저 파악하고 제목 셀을 탐색하며 표가 전달하려는 정보를 이해하게 되지만 그림 64와 같이 배치를 위해 표를 사용하면 콘텐츠의 구조가 어떻게 되는지, 어떤 방식으로 탐색을 해야 원하는 콘텐츠에 접근할 수 있는지 알기 어렵다. 따라서 콘텐츠 배치를 위해 표를 사용하는 일이 없게 한다.

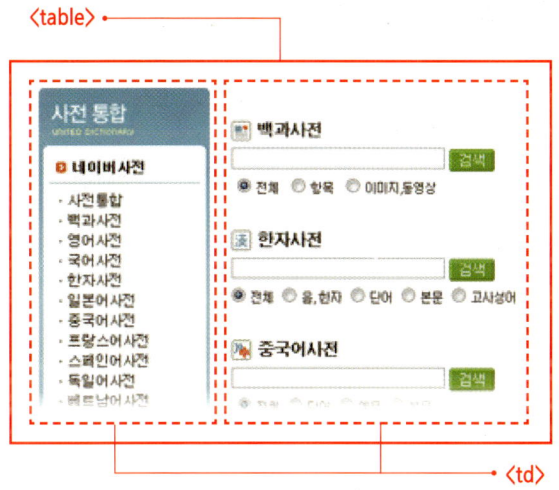

그림 64 콘텐츠 배치를 위해 사용된 표

03 확인 방법 1. N-WAX로 표 제목 확인

준비 도구 - N-WAX

설치 및 실행 방법은 1부의 "N-WAX(42쪽)"를 참고한다.

1. 확인하려는 웹 페이지를 연 뒤 N-WAX를 실행한다.
2. '2.3.1 표 제목' 항목을 선택해 페이지에 포함된 표 목록을 확인한다. 표에 〈caption〉 요소가 있다면 그림 65와 같이 흰 셀로 표시되며 〈caption〉과 summary의 내용이 적절한지 확인한다.

숨김	Caption 내용	Summary 내용
	면적별 시세	이 표는 총 3열로 구성되었으며 1열은 선택한 부동산 매물의 면적이, 2열은 면적별 매매가를, 3열은 면적별 전세가를 나타낸다.
	오늘의 시세	없음

그림 65 N-WAX의 '2.3.1 표 제목' 항목을 펼친 화면

3. 표에 <caption> 요소가 없다면 그림 66과 같이 빨간 셀로 표시되며 개선이 필요하다.

숨김	Caption 내용	Summary 내용
	없음	없음
	없음	없음

그림 66 <caption>이 선언되지 않은 결과 화면

04 확인 방법 2. 제목 셀과 내용 셀의 연결

준비 도구 - N-WAX

설치 및 실행 방법은 1부의 "N-WAX(42쪽)"를 참고한다.

1. 확인하려는 웹 페이지를 연 뒤 N-WAX를 실행한다.
2. '2.3.2, 2.3.3 표 구조화' 항목을 선택해 페이지에 포함된 표 목록을 확인한다. 제목 셀에 scope 속성을 선언했다면 그림 67과 같이 흰 셀로 표시되며 연결 방향이 적절한지 확인한다. 제목 셀과 같은 열의 내용 셀을 연결할 때는 scope 속성 값이 col이어야 하며 같은 행의 내용 셀을 연결할 때는 scope 속성 값이 row이어야 한다.

그림 67 N-WAX의 '2.3.2, 2.3.3 표 구조화' 항목을 펼친 화면

3. 제목 셀에 scope 속성을 선언하지 않았다면 그림 68과 같이 빨간 셀로 표시 되며 개선이 필요하다.

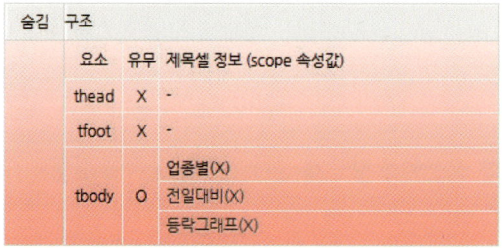

그림 68 〈th〉 요소에 scope 속성이 선언되지 않은 결과 화면

논리적인 순서 보장하기
특정 환경에서도 정보 손실이 없게 하기

논리적인 순서를 보장한다는 것은 스타일의 영향 없이 콘텐츠 자체만으로도 정확한 의미를 파악할 수 있고 원하는 기능을 수행할 수 있게 제공하는 것을 의미한다. 회원 가입을 위해 정보를 입력하는 과정을 예로 들면, 가장 먼저 입력해야 하는 정보가 무엇인지를 파악한다. 그다음에는 정보를 입력한다. 마지막으로 '확인' 또는 '완료' 버튼을 클릭해 회원 가입을 위한 정보 입력 과정을 마친다. 이 과정은 웹 콘텐츠를 웹 브라우저에 표현할 때도 그대로 적용된다. 입력해야 하는 정보의 이름이 가장 먼저 표시되고 그 다음으로 텍스트 입력란 '확인' 버튼이 나온다. 설령 이 순서와 조금 다르게 화면에 표시되더라도 정보를 입력하는 데 문제가 되진 않는다. 화면의 위, 아래, 왼쪽, 오른쪽을 빠르게 살펴 원하는 동작을 실행할 수 있기 때문이다.

하지만 시각 장애 환경에서는 문제가 될 수 있다. 스크린 리더나 점자 정보 단말기로 입력해야 하는 정보의 이름, 텍스트 입력란 '확인' 버튼을 순차적으로 한 번에 하나씩 탐색하기 때문에 논리적으로 콘텐츠를 제공하는 것은 매우 중요하다. 콘텐츠의 논리적 순서는 HTML의 요소 선언 방식이 결정한다. 물론, 화면에서의 콘텐츠 배치는 웹 문서의 스타일을 지정하는 CSS(Cascading Style Sheets)로 얼마든지 재조정할 수 있지만 스크린 리더와 점자 정보 단말기는 전적으로 HTML 요소의 유형과 선언 순서를 따른다. 따라서 HTML을 작성할 때는 화면에서의 배치뿐 아니라 보조기기에서의 출력 방식을 모두 고려해야 한다. 선택된 메뉴를 다르게 표시하거나 화면 배치로 정보의 연관성을 나타내는 경우에도 시각 장애 환경에서 바르게 인식할 수 있게 한다.

01 유형 1. 중첩 메뉴

중첩 메뉴란 그림 69와 같이 메뉴 하나를 선택했을 때 하위 메뉴를 더 제공하는 것을 말한다. 화면에서는 ❶ 스팸 차단 정책 탭 메뉴가 선택된 상태임을 시각적으로 다르게 표현하고 있기 때문에 ❸번 메뉴가 ❶ 스팸 차단 정책의 하위 메뉴라는 점을 쉽게 알 수 있다. 하지만 스크린 리더와 점자 정보 단말기에서도 같게 인식하게 하려면 상위 메뉴(❶, ❷)와 하위 메뉴(❸)의 계층 관계를 고려해 HTML 요소를 선언한다.

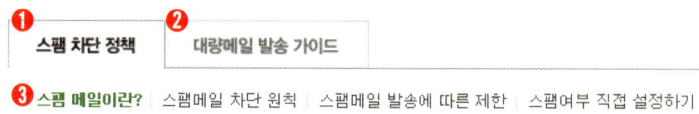

그림 69 중첩 메뉴 예

접근성이 좋아요

- 하위 메뉴(<ul class="submenu">)를 선택된 상위 메뉴의 하위 계층으로 마크업한다. 그림 70은 화면 배치를 전혀 고려하지 않은 상황에서도 상위 메뉴와 하위 메뉴의 계층 관계를 파악할 수 있게 HTML 요소를 선언한 예다.

```
<ul class="mainmenu">
<li><a href="...">스팸 차단 정책</a>
    <ul class="submenu">
        <li><a href="...">스팸 메일이란?</a></li>
        <li><a href="...">스팸메일 차단 원칙</a></li>
        <li><a href="...">스팸메일 발송에 따른 제한</a></li>
        <li><a href="...">스팸여부 직접 설정하기</a></li>
    </ul>
</li>
<li><a href="...">대량메일 발송 가이드</a></li>
</ul>
```

- 스팸 차단 정책
    ◦ 스팸 메일이란?
    ◦ 스팸메일 차단 원칙
    ◦ 스팸메일 발송에 따른 제한
    ◦ 스팸여부 직접 설정하기
- 대량메일 발송 가이드

그림 70 스타일 없이도 상위 메뉴와 하위 메뉴 구분이 가능한 경우

접근성이 부족해요

- 상위 메뉴와 하위 메뉴의 계층 관계를 고려하지 않고 화면 배치 순서(❶ → ❷ → ❸) 그대로 마크업한다. 그림 71은 화면 배치를 확인할 수 없는 상황에서는 상위 메뉴와 하위 메뉴의 계층 관계를 파악할 수 없게 HTML 요소를 선언한 예다.

```
<ul class="mainmenu">
<li><a href="...">스팸 차단 정책</a></li>
<li><a href="...">대량메일 발송 가이드</a></li>
</ul>
<ul class="submenu">
<li><a href="...">스팸 메일이란?</a></li>
<li><a href="...">스팸메일 차단 원칙</a></li>
<li><a href="...">스팸메일 발송에 따른 제한</a></li>
<li><a href="...">스팸여부 직접 설정하기</a></li>
</ul>
```

- 스팸 차단 정책
- 대량메일 발송 가이드

- 스팸 메일이란?
- 스팸메일 차단 원칙
- 스팸메일 발송에 따른 제한
- 스팸여부 직접 설정하기

그림 71 스타일이 없으면 상위 메뉴와 하위 메뉴를 구분할 수 없는 경우

02 유형 2. 목록 하나에 여러 개의 정보를 제공하는 콘텐츠

게시판 목록이나 랭킹 정보처럼 목록 하나에 여러 개의 정보를 표시하는 경우 각 정보가 무엇을 의미하는지 정보의 이름을 함께 제공한다. 그림 72는 영화 예매 랭킹 목록이다. 각 목록에는 정보가 4개 있으며 목록 위에 각 정보가 '순위', '영화명', '날짜', '예매율'이라는 것을 함께 알려주고 있다. 스크린 리더와 점자 정보 단말기에서도 같게 인식하려면 목록 하나에 여러 개의 정보를 제공하는 콘텐츠는 〈table〉 요소로 마크업하는 게 가장 좋다.

순위	영화명	날짜	예매율
1	광해, 왕이 된 남자	2012.10.21	29.84%
2	용의자X	2012.10.21	18.57%
3	회사원	2012.10.21	8.13%

그림 72 영화 예매 랭킹 목록

접근성이 좋아요

- 각 목록의 정보와 목록 위에 제공된 정보의 이름을 연결하려면 〈table〉 요소와 〈th〉 요소를 사용한다. 그림 73은 화면 배치를 전혀 고려하지 않은 상황에서도 각 정보가 무엇을 의미하는지 파악할 수 있게 HTML 요소를 선언한 예다.

```
...
<tr>
<th scope="col">순위</th>
<th scope="col">영화명</th>
<th scope="col">날짜</th>
<th scope="col">예매율</th>
</tr>
<tr>
<td>1</td>
<td>광해, 왕이 된 남자</td>
<td>2012.10.21</td>
<td>29.84%</td>
</tr>
...
```

순위	영화명	날짜	예매율
1	광해	2012.10.21	29.84%
2	용의자X	2012.10.21	18.57%
3	회사원	2012.10.21	8.13%

그림 73 스타일 없이도 각 목록 정보가 무엇인지 인식 가능한 경우

접근성이 부족해요

- 각 목록의 정보와 목록 위에 제공된 정보의 이름을 연결하지 않고 화면 배치 순서대로 마크업한다. 그림 74는 화면 배치를 전혀 고려하지 않은 상황에서 각 목록의 정보가 무엇인지 알 수 없게 HTML 요소를 선언한 예다.

```html
<div>
<span>순위</span> <span>영화명</span> <span>날짜</span> <span>예매율</span>
</div>
<ul>
<li><span>1</span> <span>광해, 왕이 된 남자</span>
<span>2012.10.21</span> <span>29.84%</span></li>
...
</ul>
```

순위 영화명 날짜 예매율

- 1 광해, 왕이 된 남자 2012.10.21 29.84%
- 2 용의자X 2012.10.21 18.57%
- 3 회사원 2012.10.21 8.13%

그림 74 스타일이 없으면 각 목록 정보가 무엇인지 알기 어려운 경우

03. 확인 방법. 웹 브라우저 개발자 도구로 논리적인 순서 확인

준비 도구 - 웹 브라우저 개발자 도구

설치 및 실행 방법은 1부의 "웹 브라우저 개발자 도구(46쪽)"를 참고한다.

1. 확인하려는 웹 페이지를 연 뒤 개발자 도구를 실행한다.
2. **사용 안 함 > CSS**를 선택한다.

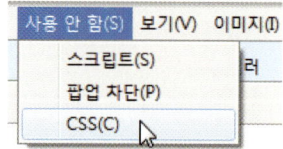

그림 75 인터넷 익스플로러 개발자 도구에서 스타일을 제거하는 메뉴

3. 스타일이 제거된 웹 페이지를 보고 콘텐츠를 이해하기 어렵게 제공한 부분이 있는지 확인한다.

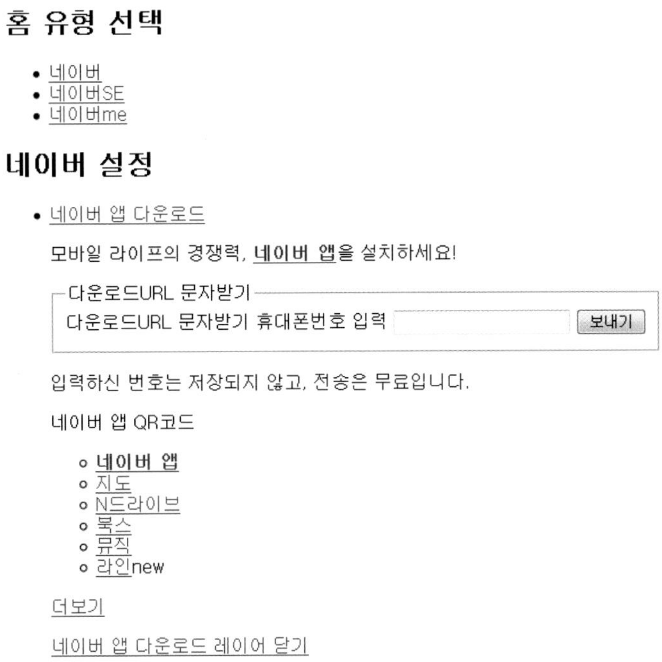

홈 유형 선택

- 네이버
- 네이버SE
- 네이버me

네이버 설정

- 네이버 앱 다운로드

  모바일 라이프의 경쟁력, **네이버 앱**을 설치하세요!

  ┌─ 다운로드URL 문자받기 ─────────────
  │ 다운로드URL 문자받기 휴대폰번호 입력 [   ] [보내기]

  입력하신 번호는 저장되지 않고, 전송은 무료입니다.

  네이버 앱 QR코드

    - **네이버 앱**
    - 지도
    - N드라이브
    - 북스
    - 뮤직
    - 라인new

  더보기

  네이버 앱 다운로드 레이어 닫기

그림 76 네이버 메인에서 스타일을 제거한 화면

읽고 이해하기 쉬운 환경 제공하기
주 사용 언어 명시하기

스크린 리더는 웹 문서에 포함된 텍스트 콘텐츠를 음성으로 출력한다. 한국어를 비롯한 영어, 중국어, 일본어 등 다양한 언어로 표현할 수 있다. 다양한 언어의 웹 콘텐츠를 스크린 리더가 정확한 발음으로 출력하도록 HTML 문서에서는 lang 속성으로 언어를 설정할 수 있다. lang 속성은 ISO 639-1에서 지정한 언어 코드를 속성 값으로 사용한다. 속성 값은 한국어는 ko, 영어는 en, 중국어는 zh, 일본어는 ja다. 사용하는 언어가 바뀔 때마다 lang 속성을 선언하는 것이 가장 이상적이며, 기본적으로는 주로 사용하는 언어를 HTML 문서의 가장 상위 요소(⟨html⟩)에 지정한다.

<span lang="ja">1.2.3</span>
"일.이.삼"(일본어)

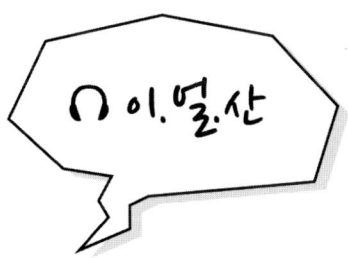

<span lang="zh">1.2.3</span>
"일.이.삼"(중국어)

01 유형. 주 사용 언어

웹 페이지 안에서 주로 사용하는 언어를 지정하는 lang 속성은 웹 문서 규격에 따라 선언 방식이 다르다. 웹 문서 규격이 HTML 계열(HTML 4.01, HTML 5)이면 다음과 같이 선언한다.

```
<html lang="ko">
```

웹 문서 규격이 XML 계열(XHTML 1.0)이면 다음과 같이 선언한다.

```
<html xmlns="http://www.w3.org/1999/xhtml" xml:lang="ko" lang="ko">
```

접근성이 좋아요

- <html> 요소에 주 사용 언어를 지정하는 lang 속성을 문서 규격에 맞는 방식으로 선언한다.

접근성이 부족해요

- <html> 요소에 주 사용 언어를 지정하는 lang 속성을 선언하지 않는다.
- <html> 요소에 주 사용 언어를 지정하는 lang 속성을 선언하지만 문서 규격에 맞지 않는 방식으로 선언한다.

02 확인 방법. 주 사용 언어 명시

준비 도구 - N-WAX

설치 및 실행 방법은 1부의 "N-WAX(42쪽)"를 참고한다.

---

1. 확인하려는 웹 페이지를 연 뒤 N-WAX를 실행한다.
2. '3.1.1 주언어 명시' 항목을 선택해 주 사용 언어 명시 여부를 확인한다. 페이지에 포함된 프레임 콘텐츠도 함께 확인할 수 있다. 주 사용 언어가 바르게 명시돼 있으면 그림 77과 같이 흰 셀로 표시된다.

> **3.1.1 주언어 명시 (6)**
> http://www.naver.com/: xml:lang=ko, lang=ko

그림 77 N-WAX의 '3.1.1 주언어 명시' 항목을 펼친 화면

3. 주 사용 언어가 명시됐지만 문서 규격에 맞지 않은 경우 노란 셀로 표시된다.

> **3.1.1 주언어 명시 (6)**
> http://www.naver.com/: xml:lang=없음, lang=없음

그림 78 문서 규격과 맞지 않은 방식으로 주 사용 언어를 명시한 결과 화면

4. 주 사용 언어가 명시되지 않은 경우 빨간 셀로 표시되며 개선이 필요하다.

> **3.1.1 주언어 명시 (6)**
> http://www.naver.com/: 주언어 없음

그림 79 주 사용 언어를 명시하지 않은 결과 화면

읽고 이해하기 쉬운 환경 제공하기

3초 이상 자동 재생되는 음성 제어하기

시각 장애인은 스크린 리더의 음성 출력 결과를 들으며 웹 콘텐츠를 탐색한다. 만약 웹 콘텐츠를 탐색하다가 예상치 않는 소리가 들린다면 스크린 리더에서 제공하는 음성 출력 결과를 바르게 인식할 수 없다. 마치 화면으로 웹 콘텐츠를 보던 사용자가 모니터에 알 수 없는 노이즈가 발생해 원하는 콘텐츠가 무엇인지 쉽게 파악하기 어려운 상황과도 같다. 시각 장애인이 아니더라도 웹 페이지를 열었을 때 의도하지 않은 소리가 들린다면 웹 콘텐츠를 탐색하는 데 방해가 될 수 있다. 3초 미만의 짧은 소리는 문제가 없지만 그 이상으로 재생되는 소리는 웹 콘텐츠 탐색 전에 멈출 수 있는 기능을 제공해야 한다.

읽고 이해하기 쉬운 환경 제공하기

01 유형. 동영상 플레이어, 오디오 플레이어

웹 콘텐츠에 동영상 플레이어 또는 오디오 플레이어가 포함된 경우 재생 버튼을 클릭하기 전까지 정지 상태로 제공하는 것이 가장 좋다. 하지만 네이버 블로그의 뮤직 플레이어와 같이 사용자 설정에 따라 소리의 재생 여부가 달라질 수 있는 경우에는 시각 장애인이 자동으로 재생된 소리를 멈출 수 있게 페이지 첫 부분에 재생 정지 기능을 제공한다.

접근성이 좋아요

- 동영상 플레이어 또는 오디오 플레이어가 자동으로 재생되지 않게 한다.
- 3초 이상의 소리가 포함된 동영상, 오디오 콘텐츠가 자동으로 재생돼야 할 때는 웹 페이지 첫 부분에 정지 기능을 제공한다. 그림 80은 어둠 속의 대화 웹 사이트의 첫 부분에 배경 음악 정지 기능을 제공한 예다. 동영상 화면에서는 배경 음악을 제어할 수 있는 기능을 쉽게 찾을 수 있으므로, 웹 페이지 첫 부분에서 제공하는 정지 기능은 시각 장애 환경에서만 인식할 수 있는 방식이어도 된다.

DIALOGUE IN THE DARK 어둠속의 대화

보이는 것 그 이상을 보다

이 페이지는 플래시 배경음악이 재생되는 페이지 입니다. 배경음악을 듣지 않겠습니까?

배경음악 정지

그림 80 어둠 속의 대화 웹 사이트에서 제공하는 배경음악 정지 기능

접근성이 부족해요

- 3초 이상의 소리가 포함된 동영상, 오디오 콘텐츠가 자동으로 재생되며 웹 페이지 첫 부분에서 정지할 수 없다.

02 확인 방법. 웹 브라우저 개발자 도구로 소리 정지 기능 확인

준비 도구 - 웹 브라우저 개발자 도구

설치 및 실행 방법은 1부의 "웹 브라우저 개발자 도구(46쪽)"를 참고한다.

1. 확인하려는 웹 페이지를 열었을 때 3초 이상 재생되는 소리가 있는지 확인한다.
2. 3초 이상 재생되는 소리가 있다면 웹 페이지 첫 부분에서 정지 기능을 제공하는지 확인하기 위해 인터넷 익스플로러의 개발자 도구를 실행한다.
3. **사용 안 함 > CSS**를 선택한다.
4. 스타일이 제거된 웹 페이지 첫 부분에 소리를 정지시킬 수 있는 기능을 제공하고 있는지 확인한다.

읽고 이해하기 쉬운 환경 제공하기
콘텐츠와 배경의 명도 대비가 4.5:1 이상 되게 하기

시각 장애 유형 중 콘텐츠와 배경의 명도 차이가 크지 않으면 콘텐츠를 인식하기 어려운 저시력이 있다. 윈도의 기본 색상 테마를 고대비로 설정해 웹 콘텐츠를 탐색할 수도 있지만 별도의 설정을 하지 않더라도 웹 콘텐츠를 인식할 수 있게 기본적으로 웹 페이지에서 제공하는 콘텐츠와 배경의 명도 차이를 크게 하는 게 가장 좋다. 국제 표준화 기구(ISO, International Organization for Standardization) 및 미국 규격 협회(ANSI, American National Standards Institute)는 저시력자를 고려해 명도 대비를 최소 3:1로 지정하도록 권장한다(http://www.w3.org/TR/UNDERSTANDING-WCAG20/visual-audio-contrast7.html#visual-audio-contrast7-82-head). 여기에 웹의 주 사용층인 20~40대의 시력 손실을 고려해 웹 콘텐츠를 제작할 때는 최소 기준에서 1.5배 강화된 4.5:1의 비율을 적용한다.

접근성과 보편성	1.5:1	접근성과 보편성
접근성과 보편성	2.5:1	접근성과 보편성
접근성과 보편성	3.5:1	접근성과 보편성
접근성과 보편성	4.5:1	접근성과 보편성
접근성과 보편성	5.5:1	접근성과 보편성
접근성과 보편성	6.5:1	접근성과 보편성
접근성과 보편성	7.5:1	접근성과 보편성
접근성과 보편성	8.5:1	접근성과 보편성

01 유형 1. 크기가 24픽셀 이하인 텍스트

텍스트 크기가 24픽셀 이하일 때는 텍스트 색상과 배경 간의 명도 대비는 4.5:1 이상이 되게 한다.

접근성이 좋아요

- 24픽셀 이하의 텍스트는 배경과의 명도 대비를 4.5:1 이상으로 한다. 시스템 텍스트와 이미지 텍스트 모두 같은 기준이 적용된다. 그림 81의 시스템 텍스트 색상(#747474)과 배경 색상(#FFFFFF)의 명도 대비는 4.7:1(왼쪽)이고, 이미지 텍스트 색상(#727272)과 배경 색상(#FFFFFF)의 명도 대비는 4.8:1(오른쪽)이다.

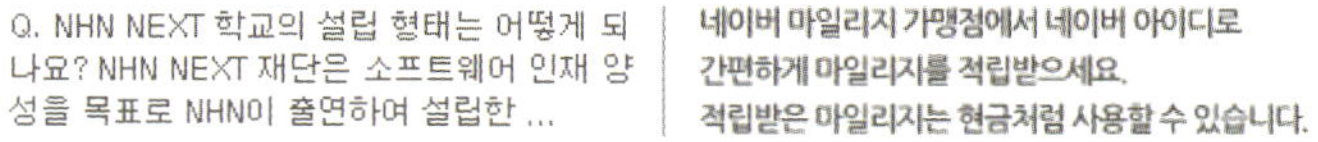

그림 81 24픽셀 이하의 텍스트와 배경 간의 명도 대비가 4.5:1 이상인 예

접근성이 부족해요

- 24픽셀 이하의 텍스트와 배경 간의 명도 대비를 4.5:1 이하로 한다. 그림 82의 시스템 텍스트 색상(#9E9E9E)과 배경 색상(#FFFFFF)의 명도 대비는 2.7:1(왼쪽)이고, 이미지 텍스트 색상(#A7A7A7)과 배경 색상(#FFFFFF)의 명도 대비는 2.4:1(오른쪽)이다.

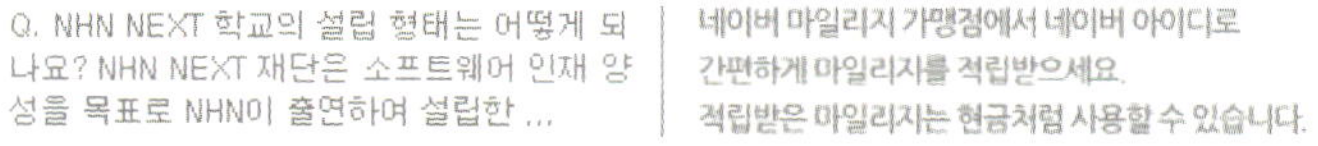

그림 82 24픽셀 이하의 텍스트와 배경 간의 명도 대비가 4.5:1 이하인 예

02 유형 2. 굵은 18픽셀 또는 24픽셀 이상인 텍스트

같은 색상이더라도 텍스트 크기가 크면 인식하기가 더 쉽다. 따라서 24픽셀 이상이거나 굵은 18픽셀 이상의 텍스트는 배경 간의 명도 대비가 3:1 이상이 되게 한다.

접근성이 좋아요

- 굵은 18픽셀 또는 24픽셀 이상의 텍스트와 배경과의 명도 대비를 3:1 이상으로 한다. 시스템 텍스트와 이미지 텍스트 모두 같은 기준이 적용된다. 그림 83의 시스템 텍스트 색상(#009ADF)과 배경 색상(#FFFFFF)의 명도 대비는 3.1:1(왼쪽)이고 이미지 텍스트 색상(#998580)과 배경 색상(#FFFFFF)의 명도 대비는 3.5:1(오른쪽)이다.

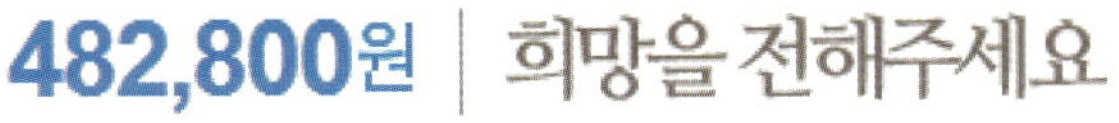

그림 83 24픽셀 이상의 텍스트와 배경 간의 명도 대비가 3:1 이상인 예

접근성이 부족해요

- 굵은 18 픽셀 또는 24픽셀 이상의 텍스트와 배경 간의 명도 대비를 3:1 이하로 한다. 그림 84의 시스템 텍스트 색상(#00AEE6)과 배경 색상(#FFFFFF)의 명도 대비는 2.6:1(왼쪽)이고 이미지 텍스트 색상(#A5938F)과 배경 색상(#FFFFFF)의 명도 대비는 2.9:1(오른쪽)이다.

그림 84 24픽셀 이상의 텍스트와 배경 간의 명도 대비가 3:1 이하인 예

03 확인 방법. N-WAX로 명도 대비 확인

준비 도구 - N-WAX

설치 및 실행 방법은 1부의 "N-WAX(42쪽)"를 참고한다.

1. 확인하려는 웹 페이지를 연 뒤 N-WAX를 실행한다.
2. '3.3.1 명도 대비' 항목을 선택한다.
3. **전경색 선택** 버튼을 클릭해 명도 대비를 확인하려는 텍스트를 선택한다.
4. **배경색 선택** 버튼을 클릭해 명도 대비를 확인하려는 텍스트의 배경을 선택한다.
5. 두 색상을 선택해서 나오는 결과 값을 확인한다. 명도 대비가 4.5:1 이상, 21:1 이하인 경우 그림 85와 같이 결과 영역이 흰 셀로 표시된다.

그림 85 N-WAX의 '3.3.1 명도 대비' 항목을 펼친 화면

6. 명도 대비가 3:1 이상, 4.5:1 미만인 경우 그림 86과 같이 결과 영역이 노란 셀로 표시된다. 명도 대비를 확인한 텍스트가 굵은 18픽셀 이상 또는 24픽셀 이상인지 확인한다.

그림 86 명도 대비가 3:1 이상, 4.5:1 미만일 때의 결과

7. 명도 대비가 3:1 미만인 경우 그림 87과 같이 결과 영역이 빨간 셀로 표시된다. 텍스트 크기와 상관없이 개선이 필요하다.

그림 87 명도 대비가 3:1 미만일 때의 결과

24 충분한 시간 보장하기
시간 제한이 있는 콘텐츠 사전에 공지하기

사람마다 콘텐츠를 이해하고 원하는 동작을 실행하는 데 걸리는 시간이 다르다. 화면을 보며 마우스로 콘텐츠를 탐색할 때보다 스크린 리더의 음성 출력 결과를 들을 때나 키보드로 웹 콘텐츠를 탐색할 때 더 오랜 시간이 걸린다. 손이 불편하거나 글을 읽고 이해하는 데 상대적으로 많은 시간이 필요한 사용자를 고려해 시간 제한이 있는 콘텐츠는 가능한 한 제공하지 않는 게 좋다. 하지만 경매, 온라인 시험, 인증 번호 입력과 같이 시간 제한이 꼭 필요할 때는 남은 시간을 알려줘야 하며, 시간을 조절할 수 있다면 이용 시간을 연장할 수 있는 기능을 제공한다.

01 유형 1. 페이지 자동 전환

그림 88과 같이 링크를 클릭하면 목적지로 바로 이동하지 않고 다른 페이지를 거쳤다 원래 이동하려고 했던 페이지로 자동 전환되는 경우가 있다. 네이버 지식쇼핑에서 다른 쇼핑몰로 이동하기 전에 나타나는 안내 페이지, 금융 사이트 접속 전 보안 프로그램을 설치하는 페이지가 여기에 해당한다. 중간 안내 페이지는 짧은 시간 사용자에게 보였다 사라지므로 보조기기 사용자나 글을 읽는 속도가 느린 사용자는 해당 페이지에서 제공하는 콘텐츠를 인식하기 어렵다.

그림 88 페이지 자동 전환 과정

접근성이 좋아요

- 중간 안내 페이지는 시각 장애 환경에서도 바로 인식할 수 있게 페이지 제목에 자동 전환 중임을 명시한다. 웹 페이지 제목은 HTML의 <title> 요소를 사용한다.

    <title>해당 쇼핑몰로 이동 중입니다. : 네이버 지식쇼핑</title>

- 콘텐츠 시작 부분에 그림 89와 같이 페이지 자동 전환을 멈출 수 있는 기능을 제공한다. 화면에서의 위치와 상관없이 보조기기와 키보드로 바로 접근할 수 있게 한다.

그림 89 자동 전환을 멈추거나 다시 실행시킬 수 있는 기능 제공 예

- 페이지가 자동 전환된다는 사실을 알고 자동 전환 기능을 멈추는 데 최소 20초가 걸린다. 20초 안에 페이지가 자동으로 전환되지 않게 한다. 자세한 내용은 다음 사이트를 참고한다.
http://www.w3.org/TR/UNDERSTANDING-WCAG20/time-limits-required-behaviors.html

접근성이 부족해요

- 웹 페이지 제목에 페이지 자동 전환 중이라는 것을 표시하지 않는다.
- 콘텐츠 시작 부분에 자동 전환을 멈출 수 있는 기능을 제공하지 않는다.
- 페이지 자동 전환을 제어할 수 있는 최소한의 시간(20초)을 제공하지 않는다.

02. 유형 2. 이용에 제한 시간이 있는 콘텐츠

시간 제한이 있는 콘텐츠는 가급적 제공하지 않는 것이 좋지만 서비스 특성상 이용 시간에 제한을 둘 수밖에 없는 경우가 있다. 경매나 온라인 시험과 같이 시간 조절이 어려울 때는 남은 시간을 공지한다. 보안을 위한 인증 번호 입력, 세션 만료는 사용자의 필요에 따라 제한 시간을 연장할 수 있어야 한다.

접근성이 좋아요

- 서비스 특성상 제한 시간을 연장할 수 없다면 남은 이용 시간을 알려준다. 그림 90은 정해진 기간에만 특가로 구매할 수 있는 지식쇼핑의 럭키투데이 상품으로 구매 가능한 시간을 알려주고 있다.

그림 90 남은 이용 시간을 공지한 예

- 서비스 특성상 시간을 연장할 수 있다면 사용자의 필요에 따라 제한 시간을 연장할 수 있게 한다. 그림 91은 개인 정보 보호가 중요한 금융 서비스에서 10분 후에 자동으로 세션 만료가 되게 한 예다. 세션 만료까지 남은 시간을 알려주고 시간을 연장할 수 있는 기능을 제공한다.

그림 91 남은 시간을 알려주고 제한 시간을 연장할 수 있게 제공한 예

접근성이 부족해요

- 서비스 특성상 이용 제한 시간이 있지만 남은 시간을 알려주지 않는다.
- 서비스 특성상 제한 시간을 연장할 수 있지만 연장할 수 있는 기능을 제공하지 않는다.

03 유형 3. 페이지 자동 새로 고침

콘텐츠를 전체적으로 갱신하거나 세션이 장기간 방치되는 것을 막기 위해 그림 92와 같이 일정한 시간이 지나면 페이지가 자동으로 새로 고침되는 경우다. 콘텐츠를 탐색하는 데 오랜 시간이 걸리고 사용자가 읽고 있던 콘텐츠를 놓치거나 정보 입력에 실패할 수 있다.

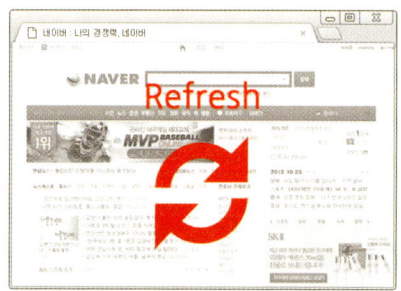

그림 92 페이지 새로 고침

접근성이 좋아요
- 자동 새로 고침을 제공하지 않는다.
- 자동 새로 고침을 반드시 제공해야 한다면 콘텐츠 시작 부분에 자동 새로 고침을 멈출 수 있는 기능을 제공한다. 화면에서의 위치와 상관없이 보조기기와 키보드로 바로 접근할 수 있게 한다.
- 새로 고침이 되기 전에 사용자가 새로 고침을 선택할 수 있는 옵션을 제공한다.

접근성이 부족해요
- 웹 페이지에 접속하고 일정한 시간이 지나면 아무런 공지나 옵션 없이 페이지 전체가 자동으로 새로 고침된다.

04. 확인 방법. 시간 제한이 있는 콘텐츠의 접근성 확인

준비 도구 - 없음

눈으로 직접 확인한다.

1. 시간 제한이 있는 콘텐츠를 포함한 웹 페이지를 연다. 이러한 유형의 콘텐츠는 한정된 페이지에서 제공되는 경우가 많으므로 페이지의 위치를 미리 파악해두면 좀 더 편리하게 확인할 수 있다.
2. 페이지가 자동으로 전환되는 경우 웹 페이지 제목에서 자동 전환됨을 알려주고, 콘텐츠 시작 부분에서 제어할 수 있는 기능을 제공하는지 확인한다.
3. 이용에 제한 시간이 있는 콘텐츠는 남은 시간을 안내하고 서비스 특성에 따라 시간 연장 기능을 제공하는지 확인한다.
4. 페이지가 자동으로 새로 고침되는 경우 콘텐츠 시작 부분에서 제어할 수 있는 기능을 제공하는지 확인한다.

25 충분한 시간 보장하기
자동으로 갱신되는 콘텐츠 제어하기

정해진 공간 안에서 다양한 정보를 전달하기 위해 일정한 시간이 지나면 콘텐츠가 갱신되는 경우를 쉽게 접할 수 있다. 하지만 글을 읽는 속도가 느린 사용자는 원하는 내용을 미처 다 읽고 이해하기도 전에 다른 콘텐츠로 바뀌어 당황스러울 수 있다. 마우스 또는 키보드 조작이 능숙하지 못한 사람은 보고 싶은 콘텐츠 링크에 커서를 놓는 것을 매번 실패할 수도 있다. 이런 문제점을 보완하기 위해 자동 갱신을 멈추고 지나쳤던 콘텐츠를 다시 볼 수 있는 기능을 제공한다.

01 유형. 자동 갱신 콘텐츠

같은 영역에서 처음에 표시된 콘텐츠가 일정한 시간이 지난 후 다른 콘텐츠로 바뀌는 경우다. 그림 93과 같이 공지사항이나 실시간 급상승 검색어가 하나씩 노출되며 일정한 방향으로 이동하기도 하며 그림 94와 같이 특정 영역의 콘텐츠가 모두 바뀌기도 한다.

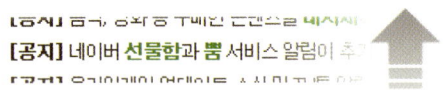

그림 93 시간이 지나면 목록이 위로 이동하는 공지사항

그림 94 일정한 시간이 지나면 콘텐츠가 바뀌는 예

접근성이 좋아요

- 지나친 콘텐츠를 다시 볼 수 있게 그림 95와 같이 이전, 다음 목록으로 이동하는 버튼을 제공한다.

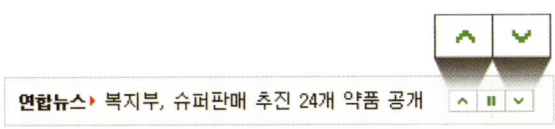

그림 95 이전, 다음 버튼을 제공한 예

- '이전', '다음' 버튼을 제공하는 대신 마우스 포인터를 올리거나 키보드 포커스가 있을 때 그림 96과 같이 전체 콘텐츠를 볼 수 있게 한다.

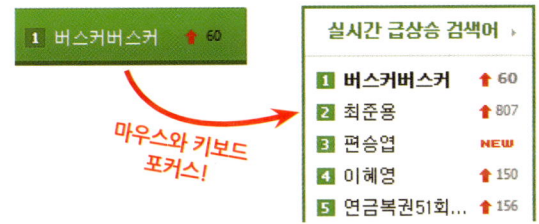

그림 96 마우스와 키보드 포커스가 있을 때 전체 목록이 펼쳐지는 예

- '이전', '다음' 버튼 대신 그림 97과 같이 모든 콘텐츠에 바로 접근할 수 있는 버튼을 제공한다.

그림 97 자동 갱신되는 콘텐츠에 각각 접근할 수 있는 버튼을 제공한 예

- 자동 갱신을 멈출 수 있게 그림 98과 같이 '정지' 버튼을 제공한다.

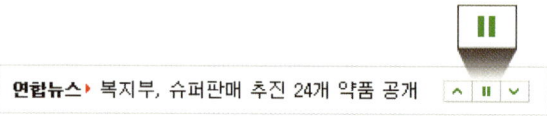

그림 98 정지 버튼을 제공한 롤링 리스트

- '정지' 버튼을 제공하는 대신 마우스와 키보드 포커스가 있을 때 자동 갱신을 멈춘다.
- '정지', '이전', '다음' 버튼에 포커스가 있을 때는 자동 갱신을 멈춘다.

접근성이 부족해요

- 자동 갱신을 멈출 수 있는 '정지' 버튼이 없거나 마우스나 키보드 포커스가 있어도 자동 갱신이 멈추지 않는다.
- 지나친 콘텐츠를 다시 볼 수 있는 '이전', '다음' 버튼이 없거나, 마우스나 키보드 포커스가 있어도 전체 콘텐츠를 확인할 수 없다.
- '정지', '이전', '다음' 버튼에 포커스가 있을 때도 자동 갱신이 멈추지 않는다.

02 확인 방법. 자동 갱신 콘텐츠에 이동, 정지 기능 제공 여부 확인

준비 도구 - 없음

눈으로 직접 확인한다.

1. 자동으로 갱신되는 콘텐츠를 포함한 웹 페이지를 연다. 이러한 유형의 콘텐츠는 한정된 페이지에서 제공하는 경우가 많으므로 페이지의 위치를 미리 파악해두면 좀 더 편리하게 확인할 수 있다.
2. 자동으로 갱신되는 콘텐츠에 이전, 다음으로 이동할 수 있는 기능을 제공하고 있는지 확인한다. '이전', '다음' 버튼을 제공하거나 마우스와 키보드 포커스가 있을 때 전체 콘텐츠를 모두 확인할 수 있어야 한다.
3. 자동 갱신을 정지할 수 있는 기능을 제공하는지 확인한다. '정지' 버튼을 제공하거나 마우스와 키보드 포커스가 있을 때 자동 갱신이 멈춰야 한다.

발작을 유발하지 않기
1초에 3회 이상 번쩍이거나 깜박이는 콘텐츠 제공하지 않기 26

광과민성 발작은 오랜 시간 지속되는 불규칙적인 번쩍임, 깜박임에 자극을 받아 발작을 일으키는 질환을 말한다. 닌텐도에서 만든 게임을 이용하다 발작을 일으킨 사례가 많아 닌텐도증후군이라 불리기도 한다. 1997년 일본에서는 만화 영화 포켓몬스터를 시청하던 어린이 7백여 명이 동시에 발작 증세를 일으킨 사례가 있다. 광과민성 발작은 주로 유아층에서 많이 발견되며 증상이 나타나기 전까지 질환이 있다는 것을 모르는 경우가 대부분이므로 1초에 3회 이상 번쩍이거나 깜박이는 콘텐츠는 제공하지 않는다.

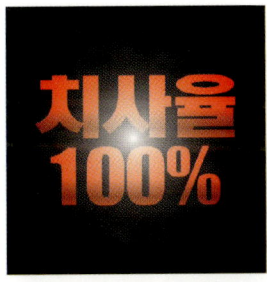

My eyes ~

01 유형 1. 광고 배너

광고 배너는 사람들의 이목을 끌어 광고 효과를 극대화하는 데 목적이 있다. 하지만 이목을 끌기 위한 수단으로 번쩍임, 깜박임이 심한 효과를 사용하면 웹 페이지의 핵심 콘텐츠에 집중하는 데 방해가 될뿐더러 번쩍임, 깜박임에 민감한 사용자에게 어지럼증이나 구토를 유발할 수 있다. 그림 99는 번쩍임이 심한 광고 배너의 예다.

그림 99 번쩍임이 심한 광고 배너 예

접근성이 좋아요
- 광고 배너에 1초에 3회 이상 번쩍이거나 깜박이는 시각 효과가 없다.

접근성이 부족해요
- 광고 배너에 1초에 3회 이상 번쩍이거나 깜박이는 시각 효과가 있다.

02 유형 2. 동영상 콘텐츠

동영상 콘텐츠를 제공할 때는 번쩍임, 깜박임이 짧은 시간 동안 여러 번 발생하는 영상을 포함하지 않게 한다. 만약 콘텐츠 흐름상 필요하다면 사전에 경고 메시지를 제공해 광과민성 발작을 예방할 수 있게 한다. 그림 100은 700여 명의 아이들이 발작을 일으켰던 포켓몬스터 영상의 일부로 짧은 시간에 파란색과 빨간색이 쉬지 않고 깜박인다.

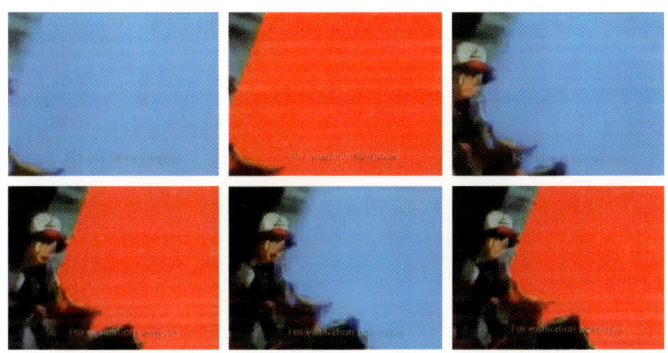

그림 100 번쩍임이 심한 포켓몬스터 영상

접근성이 좋아요

- 동영상 콘텐츠에 1초에 3회 이상 번쩍이거나 깜박이는 시각 효과가 없다.
- 동영상 콘텐츠에 번쩍임, 깜박임이 심한 효과가 있을 경우 동영상 콘텐츠를 재생하기 전에 경고 메시지를 제공한다.

접근성이 부족해요

- 동영상 콘텐츠가 1초에 3회 이상 번쩍이거나 깜박이는 시각 효과를 포함하고 있으며 경고 메시지도 제공하지 않는다.

03 확인 방법. PEAT로 발작 유발 콘텐츠 확인

준비 도구 - PEAT(Photosensitive Epilepsy Analysis Tool)

설치 및 실행 방법은 1부의 "PEAT(52쪽)"을 참고한다.

1. 광고 배너, 동영상 콘텐츠가 포함된 웹 페이지를 연다. 이러한 유형의 콘텐츠는 한정된 페이지에서 제공하는 경우가 많으므로 페이지의 위치를 미리 파악해두면 좀 더 편리하게 확인할 수 있다.
2. PEAT(Photosensitive Epilepsy Analysis Tool)를 실행한다.
3. **Capture > Start Capture** 메뉴를 선택한 뒤 캡처 방식을 선택한다. 캡처 방식을 묻는 창이 나타나면 **OK**를 클릭한다.

그림 101 PEAT에서 Start Capture를 선택하는 화면

4. 테스트 페이지가 열린 웹 브라우저를 선택한다. 선택한 윈도를 확인하는 창이 나타나고 **OK**를 클릭하면 캡처가 시작된다.
5. 광고 배너 또는 동영상 재생이 끝나면 PEAT에서 정지 버튼(■)을 클릭해 캡처를 중지한다.
6. **Analysis > Analyze Video**를 선택해 캡처한 영상을 분석한다.

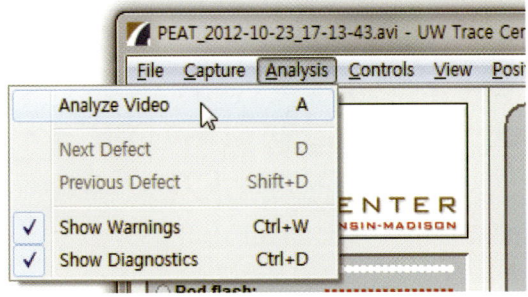

그림 102 PEAT에서 Analyze Video를 선택하는 화면

7. 타임라인 영역 중 FAIL 영역에 그래프가 표시되는 부분이 있는지 확인한다. 그림 103은 캡처한 영상의 14초부터 광과민성 발작 위험 구간임을 나타내고 있다.

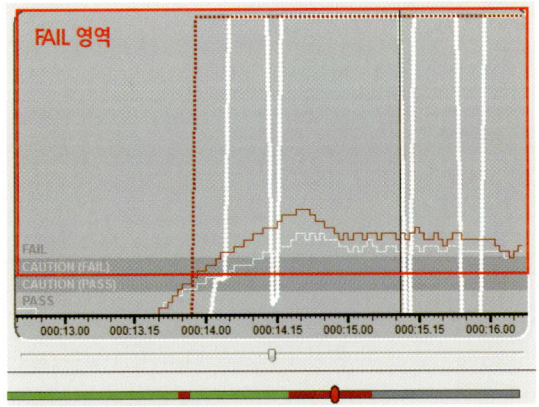

그림 103 PEAT로 분석된 영상의 타임라인 영역

키보드 접근성 보장하기
마우스를 사용하는 기능을 키보드로도 실행할 수 있게 하기

어느 순간부터인가 마우스가 없는 데스크톱 환경을 상상하기 힘들어졌으며 마우스 덕분에 웹 콘텐츠를 탐색하기가 쉬운 것도 사실이다. 하지만 마우스를 사용하기 위해서는 손의 움직임이 매우 정교해야 한다. 손이 조금이라도 떨리거나 힘이 부족하다면 마우스는 무척 다루기 어려운 도구가 된다. 실제로 손의 움직임이 원활하지 못해 키보드에 전적으로 의존해야 하는 사용자가 있다. 화면을 볼 수 없어 마우스 포인터를 조작할 수 없는 사용자도 키보드를 사용한다. 마우스로 클릭할 수 있는 콘텐츠는 키보드로도 이용할 수 있어야 하며, 드래그 앤드 드롭(Drag & Drop)처럼 마우스의 특성을 이용한 기능은 키보드로도 실행할 수 있게 한다.

키보드 접근성 보장하기

01 유형 1. 링크, 버튼, 메뉴

링크 또는 버튼을 마우스로 클릭하면 페이지를 이동할 수 있고 지정된 동작을 실행할 수 있는 것처럼 키보드로도 조작할 수 있어야 한다. Tab 키를 이용해 링크, 버튼에 포커스를 두고 Enter 키 또는 스페이스 바로 각 UI 요소의 기능을 실행할 수 있게 한다.

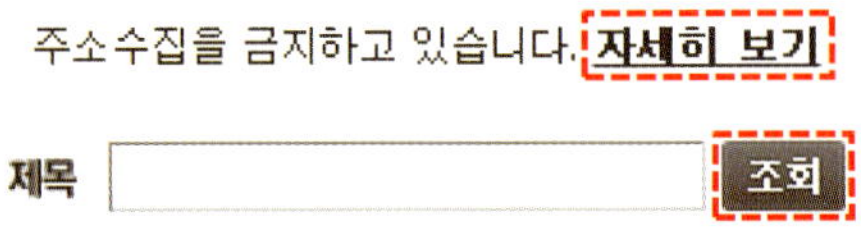

주소 수집을 금지하고 있습니다. **자세히 보기**

제목 [   ] **조회**

그림 104 링크와 버튼 예

그림 105는 네이버 메인의 쇼핑캐스트 영역으로 빨간색 테두리로 표시된 탭 영역에 마우스 포인터를 가져가면 커서가 위치한 탭의 내용이 아래에 표시된다. 마우스로 선택할 수 있는 메뉴는 키보드로도 똑같이 선택할 수 있어야 한다.

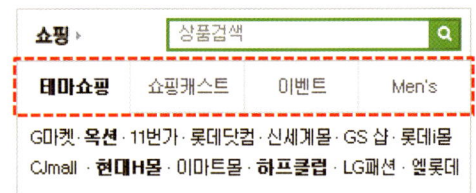

그림 105 마우스 포인터를 가져갔을 때 선택되는 탭 메뉴의 예

접근성이 좋아요

- 마우스를 클릭하면 동작하는 링크, 버튼, 메뉴를 키보드의 **Tab** 키로도 조작할 수 있어야 한다.
- 키보드 포커스가 있는 링크, 버튼, 메뉴는 **Enter** 키 또는 스페이스 바로 기능을 실행할 수 있다.
- 메뉴에 마우스 포인터를 올렸을 때 실행되는 기능을 키보드 포커스가 있을 때도 똑같이 실행할 수 있다.

접근성이 부족해요

- 링크, 버튼, 메뉴를 키보드의 **Tab** 키로 선택할 수 없다.
- 링크, 버튼, 메뉴를 키보드의 **Tab** 키로 선택할 수 있지만 **Enter** 키 또는 스페이스 바로 기능을 실행할 수 없다.
- 메뉴에 마우스 포인터를 올렸을 때 실행되는 기능을 키보드로는 실행할 수 없다.

02 유형 2. 입력 서식

텍스트 입력란, 선택 목록, 체크 박스, 라디오 버튼과 같은 입력 서식 요소도 키보드로 조작할 수 있어야 한다. 표 1과 같이 스타일을 적용하지 않는 기본 서식 요소는 웹 브라우저에서 키보드로 조작할 수 있다.

표 1 입력 서식 요소의 키보드 조작

입력 서식 요소	키보드 조작	실행 기능
선택 목록	방향 키	목록 선택
체크 박스	스페이스 바	선택, 해제
라디오 버튼	스페이스 바, 방향 키	선택, 해제

그림 106과 같이 스타일을 적용한 입력 서식을 표현하기 위해 입력 서식이 아닌 요소를 사용하는 경우에도 표 1의 키보드 조작이 가능해야 한다.

그림 106 스타일을 적용한 입력 서식

접근성이 좋아요

- 입력 서식 요소에 키보드 **Tab** 키로 포커스를 둘 수 있다.
- 입력 서식 요소의 값을 방향 키 또는 스페이스 바로 변경할 수 있다.

접근성이 부족해요

- 입력 서식 요소에 키보드 **Tab** 키로 포커스를 둘 수 없다.
- 입력 서식 요소의 값을 방향 키 또는 스페이스 바로 변경할 수 없다.

03 유형 3. 레이어 툴팁, 레이어 팝업

레이어 툴팁은 그림 107과 같이 텍스트나 버튼의 사용 목적을 쉽게 이해할 수 있도록 도움말 성격의 콘텐츠를 제공하는 경우에 사용하며 마우스 포인터를 올릴 때 나타나는 것이 일반적이다. 그림 108과 같이 아이콘의 의미가 정확하게 전달되도록 보조 수단으로 제공하는 시스템 툴팁과 달리 레이어 툴팁은 보조기기와 키보드로도 접근할 수 있어야 한다. 마우스 포인터를 올릴 때 나타나는 레이어 툴팁은 키보드 포커스가 있을 때도 나타나야 하며 마우스를 클릭하면 나타나는 레이어 툴팁은 **Enter** 키를 눌렀을 때 나타나야 한다.

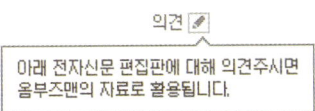

그림 107 도움말 성격의 콘텐츠에 레이어 툴팁 사용 예

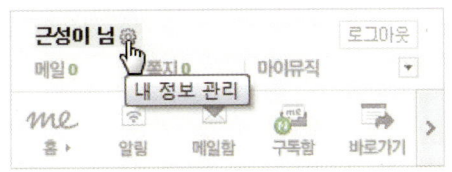

그림 108 시스템 툴팁 예

레이어 팝업은 그림 109와 같이 정보를 전달할뿐더러 시스템 경고 창, 확인 창, 팝업의 역할을 대신한다. 링크나 버튼을 클릭했을 때 나타나는 레이어 팝업은 키보드 포커스를 두고 Enter 키를 눌렀을 때도 나타나야 한다. 레이어 팝업 안의 콘텐츠 역시 키보드로 접근할 수 있어야 하며, '닫기' 버튼에 포커스를 두고 Enter 키를 누르면 레이어 팝업이 닫혀야 한다.

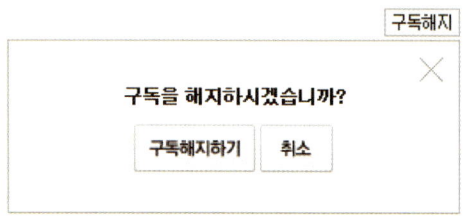

그림 109 사용자 확인 역할을 하는 레이어 팝업 사용 예

접근성이 좋아요

- 마우스 포인터를 올리면 나타나는 레이어 툴팁이 키보드 포커스기 있을 때도 나타난다.
- 마우스를 클릭하면 나타나는 레이어 툴팁이 키보드 포커스를 이동하고 Enter 키를 눌렀을 때도 나타난다.
- 레이어 팝업을 호출하는 링크, 버튼에 키보드 포커스를 이동하고 Enter 키를 누르면 레이어 팝업이 나타난다.
- 레이어 팝업 안의 콘텐츠(링크, 버튼, 입력 서식 등)를 키보드로 접근할 수 있다.

접근성이 부족해요

- 마우스로 접근할 수 있는 레이어 툴팁에 키보드만으로 접근할 수 있는 방법이 없다.
- 레이어 팝업을 호출하는 링크, 버튼에 키보드 포커스를 이동하고 Enter 키를 눌러도 레이어가 나타나지 않는다.
- 레이어 팝업 안의 콘텐츠를 키보드로 접근할 수 없다.

유형 4. 동영상 플레이어(플래시)

웹 페이지에서 동영상 콘텐츠를 재생하려면 Windows Media Player(윈도우 미디어 플레이어)와 같은 웹 브라우저 내장 플레이어를 사용하거나 그림 110과 같이 플래시로 제작한 플레이어를 사용한다. 웹 브라우저 내장 플레이어는 기본적으로 키보드 접근성을 보장하고 있지만 웹 브라우저마다 지원하는 플레이어가 달라 호환성을 확보하기 어렵다. 플래시 플레이어는 대부분의 웹 브라우저에서 어렵지 않게 사용할 수 있어 활용도가 높은 반면 키보드 접근성을 고려해서 제작해야 한다.

그림 110 플래시로 제작한 동영상 플레이어

동영상 플레이어의 키보드 조작 방식은 표 2를 참고한다.

표 2 동영상 플레이어의 키보드 조작

실행 동작	키 조작
컨트롤 버튼 접근	Tab 키
컨트롤 버튼 실행	Enter 키 또는 스페이스 바
재생 막대 조절	왼쪽, 오른쪽 방향 키
볼륨 막대 조절	위, 아래 방향 키

접근성이 좋아요

- 동영상 플레이어에 키보드로 접근할 수 있다.
- 동영상 플레이어의 컨트롤을 키보드로 조작할 수 있다.

접근성이 부족해요

- 동영상 플레이어에 키보드로 접근할 수 없다.
- 동영상 플레이어에 키보드로 접근할 수는 있지만 컨트롤을 조작할 수는 없다.

05 유형 5. 드래그 앤드 드롭, 확대/축소

마우스가 사용하기 편리한 이유는 원하는 지점에 바로 접근할 수 있기 때문이다. 또한 그림 111과 같이 드래그 앤드 드롭으로 웹 콘텐츠의 위치를 직관적이고 쉽게 변경할 수 있으며 마우스 휠을 이용해 스크롤이나 확대/축소를 간편하게 할 수도 있다. 키보드로는 드래그 앤드 드롭이나 마우스 휠을 이용한 동작을 할 수 없다. 따라서 사용 편의를 위해 제공한 마우스 의존적인 동작도 키보드로 실행할 수 있어야 한다.

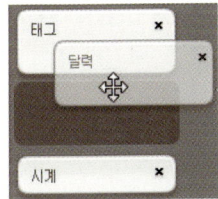

그림 111 드래그 앤드 드롭으로 블로그의 레이아웃을 재배치하는 예

접근성이 좋아요

- 드래그 앤드 드롭으로 실행할 수 있는 기능은 키보드로도 실행할 수 있게 한다. 그림 112는 선택한 메일을 원하는 폴더에 이동하는 화면으로 왼쪽은 드래그 앤드 드롭을 이용한 경우, 오른쪽은 키보드로 이동 버튼을 누른 뒤 이동하려는 메일함을 선택한 경우다. 드래그 앤드 드롭으로 메일을 이동하면 쉽고 빠르지만 마우스 조작이 어렵거나 드래그 앤드 드롭으로 메일을 이동시킬 수 있다는 것을 모르는 사용자는 오른쪽 방식으로 메일을 이동할 수 있다.

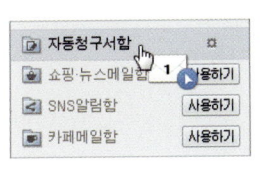 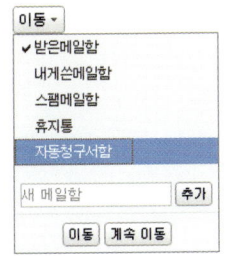

그림 112 마우스와 키보드 모두 가능한 메일 이동하기

- 마우스 휠을 이용한 확대/축소 기능을 키보드로도 실행할 수 있게 한다. 그림 113은 마우스 휠을 이용하지 않더라도 지도를 확대/축소할 수 있는 슬라이드 바로 키보드로 조작할 수 있다. 이 외에도 키보드의 더하기(+), 빼기(-) 버튼을 이용해 확대/축소를 좀 더 쉽게 하도록 제공할 수도 있다.

그림 113 지도의 확대/축소 기능

접근성이 부족해요

- 드래그 앤드 드롭을 이용한 콘텐츠 이동, 마우스 휠을 이용한 확대/축소 기능을 키보드로는 실행할 수 없다.

06 확인 방법. 키보드로 포커스 이동 확인

준비 도구 - 없음

눈으로 직접 확인한다.

1. 확인하려는 웹 페이지를 연다.
2. 키보드 **Tab** 키로 웹 콘텐츠를 모두 탐색할 수 있는지 확인한다.
3. 키보드 포커스가 있을 때 **Enter** 키, 스페이스 바, 방향 키로 조작이 가능한지 확인한다.

키보드 접근성 보장하기
키보드 포커스를 논리적으로 이동하게 하기

시각 장애 환경에서 보조기기를 이용해 웹 콘텐츠에 접근할 때 논리적인 순서가 보장돼야 하듯이 운동 장애 환경에서 키보드로 웹 콘텐츠에 접근할 때도 논리적인 순서가 보장돼야 한다. 키보드 포커스의 이동 순서는 기본적으로 HTML 코드 선언 순서를 따른다. 따라서 HTML 코드를 작성할 때 웹 콘텐츠의 논리적인 순서를 고려했다면 키보드 포커스도 논리적으로 이동한다. 하지만 레이어, 플래시와 같이 기본 맥락과 다른 독립적인 콘텐츠를 제공할 때도 키보드 포커스가 자연스럽게 이동해야 하며, 웹 에디터에서 키보드의 Tab 키가 포커스 이동이 아닌 다른 동작을 실행할 때도 포커스가 논리적으로 이동할 수 있는 대안을 마련해야 한다.

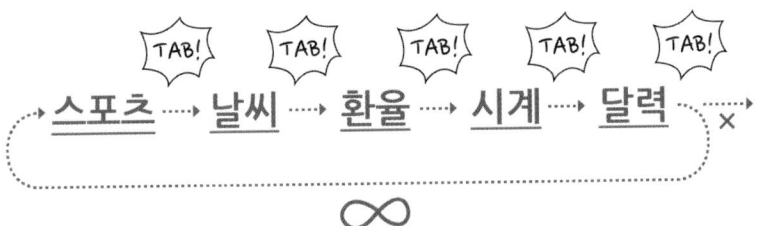

01 유형 1. 레이어

레이어는 사용자 요청으로 나타나는 웹 콘텐츠로 링크나 버튼을 눌렀을 때 나타나는 것이 일반적이다. 그림 114에서 레이어를 호출하는 요소는 **구독해지** 버튼이다. 버튼을 클릭하기 전에는 **구독해지** 버튼 다음에 **삭제** 버튼으로 이동하는 것이 논리적인 이동 순서지만 **구독해지** 버튼을 클릭하면 구독 해지 여부를 묻는 레이어 안의 콘텐츠를 탐색한 뒤에 **삭제** 버튼으로 이동해야 한다.

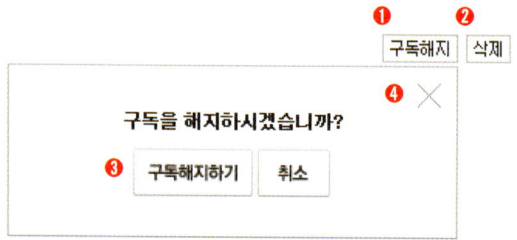

그림 114 레이어 발생 후 키보드로 접근 가능한 요소

접근성이 좋아요

- 레이어를 호출했을 때 키보드 포커스가 레이어 안의 콘텐츠를 탐색한 뒤 레이어를 호출한 다음 요소로 이동한다. 그림 114에서는 ❶ → ❸ → ❹ → ❷ 순이다.
- 레이어를 닫지 않은 상태로 빠져 나와 **Shift + Tab** 키를 눌러 역방향으로 포커스를 이동하면 레이어를 탐색하고 빠져 나온 순서와 반대로 이동한다. 그림 114에서는 ❷ → ❹ → ❸ → ❶ 순이다.
- 레이어를 닫은 상태로 빠져 나와 **Shift + Tab** 키를 눌러 역방향으로 포커스를 이동하면 레이어를 다시 호출하지 않고 이전 요소로 이동한다. 그림 114에서는 ❷ → ❶ 순이다.

접근성이 부족해요

- 레이어를 호출했을 때 키보드 포커스가 레이어 안의 콘텐츠를 탐색하지 않고 레이어를 호출한 다음 요소로 이동한다. 그림 114에서는 ❶ → ❷ 순이다.
- 레이어를 닫지 않은 상태로 빠져 나와 **Shift + Tab** 키를 눌러 역방향으로 포커스를 이동해도 레이어 안을 바로 탐색할 수 없다. 그림 114에서는 ❷ → ❶순이다.
- 레이어를 닫은 상태로 빠져 나와 **Shift + Tab** 키를 눌러 역방향으로 포커스를 이동했을 때 레이어가 자동으로 호출되고 레이어 안의 마지막 요소로 포커스가 이동한다. 그림 114에서는 ❷ → ❹ → ❸ → ❶ 순이다. 레이어는 레이어를 호출하는 요소에 의해서만 나타나야 한다.

02 유형 2. 플래시

플래시 콘텐츠는 HTML 문서와 다르게 정보를 담고 있는 모든 객체에 키보드 이동 순서를 지정해야 한다. 키보드 이동 순서가 지정되지 않은 플래시는 버튼과 무비클립을 논리적인 순서와 상관없이 자유자재로 이동한다. 키보드 포커스의 이동 순서를 논리적으로 지정하면 보조기기의 콘텐츠 탐색 순서도 논리적으로 이동한다. 키보드 이동 순서는 탭 인덱스(Tab Index) 속성 값으로 결정되며 1부터 시작해 작은 값에서 큰 값으로 이동한다. 탭 인덱스는 그림 115와 같이 액세스 가능성 패널에서 지정할 수 있으며 다음과 같이 ActionScript 3.0에서도 지정할 수 있다.

```
sportsBtn.tabindex = 1;
```

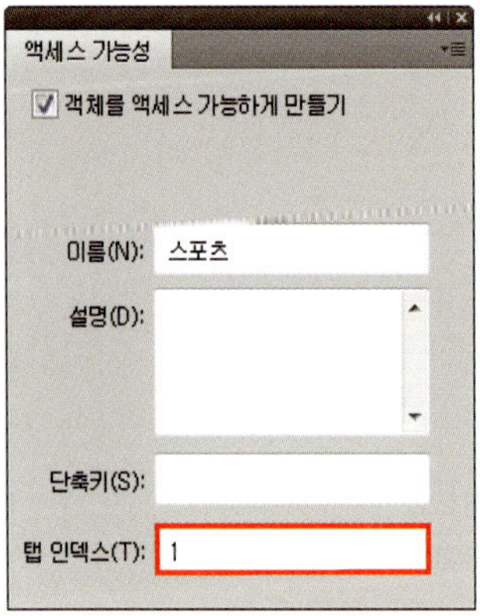

그림 115 플래시의 액세스 가능성 패널

물론 보조기기와 키보드로 플래시 콘텐츠에 접근할 수 있으려면 탭 인덱스를 지정하기에 앞서 플래시의 창 모드(wmode)를 'window'로 설정해야 하며 창 모드를 'window'로 설정하더라도 윈도의 인터넷 익스플로러에서만 접근할 수 있다는 제약 사항이 있다. 더 자세한 내용은 3부의 "플래시도 스크린 리더나 키보드 접근이 가능할까?(260쪽)"에서 다루겠다.

접근성이 좋아요

- 플래시 콘텐츠의 키보드 포커스가 그림 116과 같이 논리적인 순서로 이동한다.

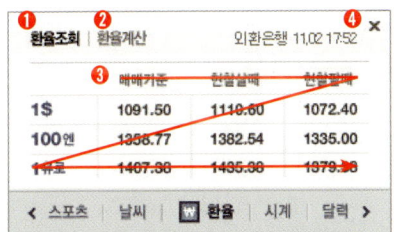

그림 116 플래시 콘텐츠의 논리적인 키보드 이동 순서

- 플래시 콘텐츠의 탐색을 마치면 다음 웹 콘텐츠로 포커스가 이동한다.

접근성이 부족해요

- 플래시 콘텐츠의 키보드 포커스가 그림 117과 같이 논리적인 순서와 상관없이 이동한다.

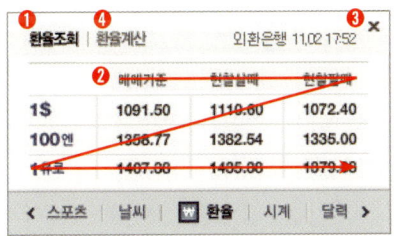

그림 117 플래시 콘텐츠의 논리적이지 않은 키보드 이동 순서

- 키보드 포커스가 플래시 콘텐츠 안에서 맴돌고 플래시 콘텐츠 바깥 영역으로 빠져나오지 못한다.

03 유형 3. 에디터

메일이나 블로그 포스트를 작성할 때 사용하는 에디터는 워드 프로세서와 마찬가지로 편집 영역에서 Tab 키를 누르면 들여쓰기가 적용되는 게 일반적이다. 따라서 Tab 키를 누르지 않더라도 편집 영역을 빠져나올 수 있는 대안을 마련해야 한다.

접근성이 좋아요

- 에디터를 빠져나올 수 있는 단축키를 지정한다. 그림 118은 편집 영역을 빠져나올 수 있는 단축키로 **Shift** + **Esc** 키를 지정한 예다. 단축키 정보는 어떤 사용자라도 쉽게 알 수 있는 형태로 제공한다.

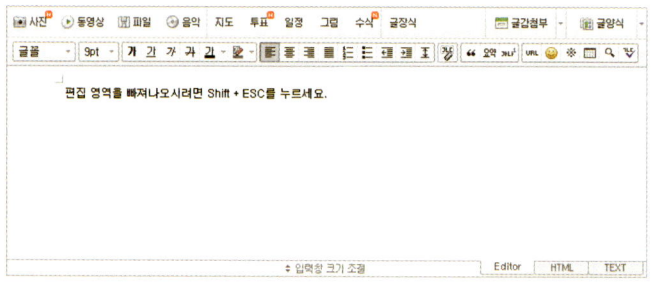

그림 118 에디터를 빠져나올 수 있는 단축키를 지정한 예

- 에디터의 편집 영역에서 **Tab** 키를 눌렀을 때 들여쓰기 또는 다른 편집 기능이 동작하지 않아 다음 요소로 포커스를 이동할 수 있다.

접근성이 부족해요

- 에디터의 편집 영역에서 빠져나올 수 있는 방법이 없다.

04 확인 방법. 키보드 Tab 키로 포커스 이동 확인

준비 도구 - 없음

눈으로 직접 확인한다.

1. 확인하려는 웹 페이지를 연다.
2. 키보드 **Tab** 키로 웹 콘텐츠를 탐색하며 키보드 포커스 이동 순서가 논리적인지 확인한다.
3. 키보드의 **Tab** 키로 웹 콘텐츠를 탐색하며 포커스가 특정 영역에서 맴돌며 빠져나오지 못하는 경우가 있는지 확인한다.

키보드 접근성 보장하기
키보드 포커스를 화면에 표시하기

링크나 버튼, 입력 서식과 같이 조작이 필요한 웹 콘텐츠에 접근하면 포커스가 있는 요소에 테두리가 표시되거나 커서가 깜박거리는 것을 확인할 수 있다. 이것은 사용자가 탐색하고 있는 현재 위치를 알 수 있게 웹 브라우저가 기본적으로 제공하는 수단이다. 하지만 포커스 표시가 웹 콘텐츠의 미관을 해친다고 생각해 자바스크립트나 CSS로 제거하는 경우를 종종 볼 수 있다. 낯선 도시에서 현재 나의 위치와 이동 방향을 제시하는 GPS(Global Positioning System, 위성 위치 확인 시스템)가 필수인 것처럼 키보드를 사용할 때는 포커스 표시를 반드시 제공해야 한다.

01 유형. 링크, 버튼, 입력 서식

사용자가 조작할 수 있는 링크, 버튼, 입력 서식에 포커스가 있을 때는 시각적으로 구분할 수 있게 표시해야 한다. 표 3은 웹 브라우저가 포커스를 표시하는 예다.

표 3 키보드로 접근 가능한 요소의 포커스 표시(인터넷 익스플로러 기준)

입력 요소 명칭	포커스 표시
링크, 이미지 버튼	NAVER 관련링크 공식 홈페이지
시스템 버튼	My메뉴설정
텍스트 입력란	[	] 질문찾기 ▶
라디오 버튼	⦿ 별명 사용 안함
체크 박스	☑ 지식iN SMS 답변 알림 받기
선택 목록	오후11시 ▼ ~ 오전06시 ▼

접근성이 좋아요

- 키보드의 **Tab** 키로 웹 콘텐츠의 모든 링크, 버튼, 입력 서식에 접근할 때 포커스가 표시된다.
- 링크, 버튼, 입력 서식에 포커스를 없애는 자바스크립트의 onfocus="this.blur()" 메서드를 선언하지 않는다.
- 링크, 버튼, 입력 서식에 포커스가 있을 때 웹 브라우저에서 기본으로 표시하는 테두리를 없애는 CSS의 outline:none 또는 outline:0 속성을 지정하지 않는다.

접근성이 부족해요

- 키보드의 **Tab** 키로 웹 콘텐츠의 모든 링크, 버튼, 입력 서식에 접근할 때 포커스 위치를 알 수 없는 영역이 있다.
- 링크, 버튼, 입력 서식에 받은 포커스를 없애는 자바스크립트의 onfocus="this.blur()" 메서드를 선언한다.

```
<a href="http://naver.com" onfocus="this.blur()">네이버</a>
```

- CSS의 outline:none 또는 outline:0 속성을 지정해 링크, 버튼, 입력 서식에 포커스가 있을 때 표시하는 테두리를 없앤다.

```
<style type="text/css">
a{outline:none}
</style>

<a href="http://naver.com">네이버</a>
```

02 확인 방법. N-WAX로 키보드 포커스 확인

준비 도구 - N-WAX

설치 및 실행 방법은 1부의 "N-WAX(42쪽)"를 참고한다.

1. 확인하려는 웹 페이지를 연 뒤 N-WAX를 실행한다.
2. '6.3.1 키보드 포커스' 항목을 선택해 키보드 포커스를 일부러 없앤 곳은 없는지 확인한다. onfocus="this.blur();"나 outline:none, outline:0을 선언하지 않았다면 그림 119와 같이 흰 셀로 표시되며 다른 요인으로 키보드 포커스가 안 보이는 곳은 없는지 직접 확인한다.

   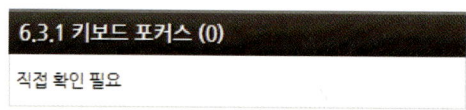

   그림 119 N-WAX의 '6.3.1 키보드 포커스' 항목을 펼친 화면

3. onfocus="this.blur();"나 outline:none, outline:0을 선언했다면 그림 120과 같이 빨간 셀로 표시되며 개선이 필요하다.

   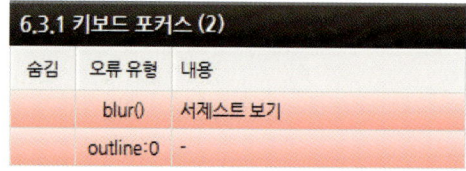

   그림 120 웹 브라우저에서 기본으로 제공하는 포커스 표시를 없앤 결과 화면

웹 접근성 프로젝트 시작하기
Let's Start: Web Accessibility Project

쉽고 빠른 탐색 환경 제공하기
웹 페이지의 제목 지정하기

30

웹 페이지의 제목은 웹 브라우저의 가장 위에 표시되며 스크린 리더와 점자 정보 단말기가 웹 페이지를 탐색할 때 가장 먼저 접근하는 콘텐츠다. 웹 페이지가 포함하고 있는 내용을 간단 명료하게 제목으로 지정하면 웹 브라우저 창(또는 탭)이 여러 개 열렸을 때 원하는 페이지를 쉽게 찾을 수 있다. 특히 웹 페이지를 한눈에 확인하기 어려운 시각 장애 환경에서는 제목만으로도 웹 페이지의 전체 내용을 파악하는 것이 매우 중요하다. 웹 페이지의 제목은 HTML의 〈title〉 요소로 지정하며 보조기기에서도 알기 쉽게 장식 목적의 특수문자는 2개 이상 넣지 않는 것이 좋다.

01 유형. 웹 페이지의 제목

웹 페이지의 제목은 메인 페이지, 서브 페이지, 엔드 페이지 등 페이지의 성격과 콘텐츠의 내용이 잘 드러나야 한다.

접근성이 좋아요

- ⟨title⟩ 요소에 콘텐츠 내용이 잘 나타날 수 있는 웹 페이지 제목을 지정한다.

```
<!DOCTYPE html>
<html lang="ko">
<head>
<meta charset="utf-8">
<title>네이버me : 내 소식과 관심 정보가 모이는 나만의 네이버 홈</title>
</head>
```

- 메인 페이지는 웹 서비스 이름을 제목으로 지정한다. 그림 121은 네이버 메인 페이지로 웹 페이지 제목을 '네이버 : 나의 경쟁력, 네이버'로 표시한다. 포털 사이트에서 제공하는 각 서비스 메인 페이지도 '네이버 영화', '네이버 뉴스'와 같이 서비스 이름을 웹 페이지 제목으로 표시한다.

그림 121 네이버 메인 화면

- 서브 페이지는 선택된 메뉴와 서비스 이름을 모두 웹 페이지 제목으로 지정한다. 그림 122는 네이버 영화 서비스의 '개봉 예정영화' 메뉴를 선택한 화면으로 웹 페이지 제목을 '개봉 예정 영화 : 네이버 영화'로 표시한다.

그림 122 네이버 영화에서 '개봉 예정 영화' 메뉴를 선택한 화면

- 같은 이름의 하위 메뉴가 있다면 메뉴 이름만으로는 콘텐츠의 내용을 예측하기 어려우므로 하위 메뉴, 상위 메뉴, 서비스 이름을 모두 웹 페이지 제목으로 지정한다. 그림 123은 네이버 스포츠에서 **야구 > 최신뉴스**를 선택한 화면으로 **최신뉴스**라는 메뉴 이름만으로는 어떤 종목의 콘텐츠인지 알기 어려우므로 **최신뉴스, 야구 : 네이버 스포츠**와 같이 상위 메뉴명도 함께 웹 페이지 제목으로 지정했다.

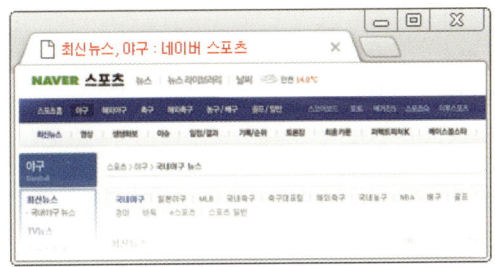

그림 123 네이버 스포츠에서 야구 > 최신뉴스 메뉴를 선택한 화면

- 뉴스 기사, 검색 결과와 같은 각 서비스의 엔드 페이지는 콘텐츠 제목과 서비스 이름을 모두 웹 페이지의 제목으로 지정한다. 그림 124는 네이버 국어사전에서 '접근성'을 검색했을 때의 화면으로 웹 페이지 제목이 '접근성 : 네이버 국어사전'으로 표시된다.

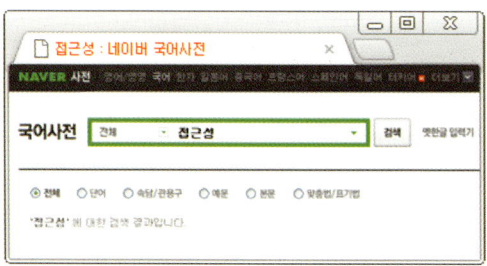

그림 124 네이버 국어사전에서 '접근성'을 검색한 화면

접근성이 부족해요

- 웹 페이지 제목을 표시하는 〈title〉 요소를 선언하지 않는다.
- 웹 페이지 제목만으로 콘텐츠 내용을 유추할 수 없다.
- 웹 페이지 제목을 장식하는 특수문자를 2개 이상 사용한다. 그림 125는 콜론(:)을 여러 개 사용해 웹 페이지 제목을 장식한 예다.

그림 125 웹 페이지 제목을 특수문자로 장식한 예

02 확인 방법. N-WAX로 웹 페이지 제목 확인

준비 도구 - N-WAX

설치 및 실행 방법은 1부의 "N-WAX(42쪽)"를 참고한다.

1. 확인하려는 웹 페이지를 연 뒤 N-WAX를 실행한다.
2. '7.1.1 페이지 제목' 항목을 선택해 선택한 웹 페이지의 제목을 확인한다. 페이지에 포함된 프레임 콘텐츠도 함께 확인한다. 웹 페이지에서 포함한 콘텐츠 내용을 제목에서 유추할 수 있는지 확인한다.

```
7.1.1 페이지 제목 (4)
http://www.naver.com/: 네이버 :: 나의 경쟁력, 네이버
http://castbox.shopping.naver.com/index.nhn: 쇼핑캐스트 :: 네이버
```

그림 126 N-WAX의 '7.1.1 페이지 제목' 항목을 펼친 화면

3. 웹 페이지 제목을 표시하는 <title> 요소가 없다면 그림 127과 같이 빈 값으로 표시된다.

```
7.1.1 페이지 제목 (0)
-
```

그림 127 <title> 요소를 선언하지 않은 결과 화면

31 쉽고 빠른 탐색 환경 제공하기
프레임에 제목 지정하기

프레임은 웹 페이지 안의 또 다른 페이지를 의미하며 HTML의 〈iframe〉 요소로 나타낸다. 일반적으로 하나의 웹 페이지를 여러 곳에 표시하고자 할 때 사용하며, 페이지 간 필요한 정보를 주고받을 때 사용하기도 한다. 화면에서는 프레임이 다른 콘텐츠와 구분되지 않지만 보조기기에서는 프레임이라는 것을 알려주기 때문에 어떤 목적으로 프레임에 외부 페이지를 불러온 것인지 알 수 있어야 한다. 프레임의 제목은 〈iframe〉 요소의 title 속성으로 표시한다. 그래픽 콘텐츠에서 툴팁을 표시했던 title 속성과는 달리 프레임의 title 속성은 툴팁으로 표시하지 않으며 보조기기에서 프레임 제목을 음성으로 출력한다.

```
<iframe src="http://nv2.ad.naver.com/shadow?unit=002AK" title=" "></iframe>
<iframe src="http://castbox.shopping.naver.com/index.nhn" title=" "></iframe>
<iframe src="http://nv1.ad.naver.com/adshow?unit=002AG" title=" "></iframe>
```

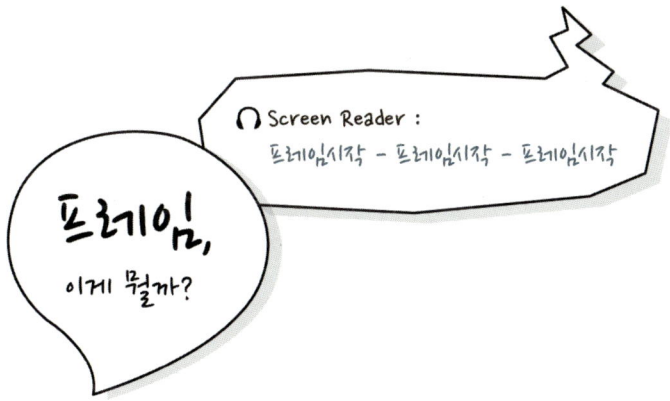

Screen Reader : 프레임시작 - 프레임시작 - 프레임시작

프레임, 이게 뭘까?

01 유형. 프레임의 제목

프레임의 제목은 프레임으로 불러오는 외부 페이지의 콘텐츠를 쉽게 파악할 수 있는 내용이어야 한다. 화면에 표시하지 않고 웹 페이지 간 정보를 주고받는 데 사용하는 내용이 없는 프레임에도 '내용 없음' 또는 '빈 프레임'과 같은 제목을 제공하는 게 좋다.

접근성이 좋아요

- 프레임 제목을 〈iframe〉 요소의 title 속성으로 나타낸다. 그림 128은 네이버 메인에 포함된 광고 프레임으로 〈iframe〉 요소의 title 속성 값을 '광고'로 지정했다.

그림 128 네이버 메인에 포함된 광고 프레임

- 프레임에 표시되는 내용이 없더라도 '내용 없음' 또는 '빈 프레임'이라는 제목을 title 속성으로 지정한다.

접근성이 부족해요

- 〈iframe〉 요소에 title 속성을 지정하지 않는다.
- 〈iframe〉 요소에 title 속성을 빈 값(title=" ")으로 지정한다.

02 확인 방법. N-WAX로 프레임 제목 확인

준비 도구 - N-WAX

설치 및 실행 방법은 1부의 "N-WAX(42쪽)"를 참고한다.

1. 확인하려는 웹 페이지를 연 뒤 N-WAX를 실행한다.
2. '7.1.2 프레임 사용' 항목을 선택해 선택한 웹 페이지의 프레임 제목을 확인한다. 프레임에 title 속성을 선언하면 그림 129와 같이 흰 셀로 표시된다.

그림 129 N-WAX의 '7.1.2 프레임 사용' 항목을 펼친 화면

3. 프레임에 title 속성을 선언하지 않으면 그림 130과 같이 빨간 셀로 표시되며 개선이 필요하다.

그림 130 프레임에 title 속성을 선언하지 않은 결과 화면

쉽고 빠른 탐색 환경 제공하기
콘텐츠 블록에 제목 지정하기

웹 콘텐츠는 워드 문서와 형식이 유사해서 웹 문서(Web Document)라고 불리기도 한다. 구성이 짜임새 있는 문서에는 장과 절마다 적절한 제목을 제공하기 마련이다. 웹 콘텐츠 역시 콘텐츠 블록마다 제목을 제공할 수 있으며 HTML의 〈h1〉 요소부터 〈h6〉 요소까지 6단계로 나누어 사용할 수 있다. 콘텐츠 블록마다 적절한 제목을 제공하면 웹 브라우저에서 웹을 탐색할 때 콘텐츠를 쉽게 이해할 수 있지만 제목을 제공하지 않더라도 원하는 콘텐츠를 찾기란 그리 어렵지 않다. 하지만 화면을 볼 수 없는 시각 장애 환경에서는 전체 콘텐츠를 모두 탐색하는 데 상당한 시간이 소요되므로 원하는 콘텐츠에 쉽게 접근할 수 있게 콘텐츠 블록의 제목을 반드시 제공해야 한다.

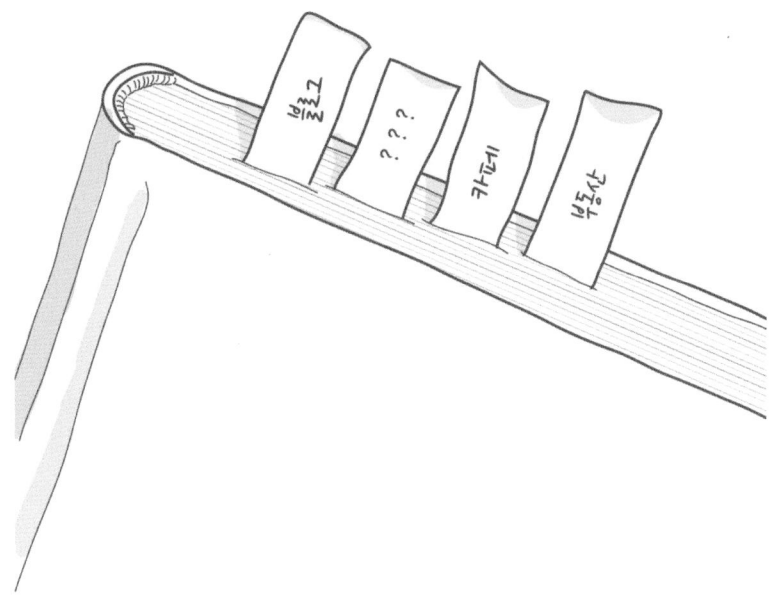

01 유형. 콘텐츠 블록의 제목

웹 페이지의 제목이 페이지 전체 내용을 대표했다면 콘텐츠 블록의 제목은 페이지 안의 세부 콘텐츠를 대표할 수 있어야 한다. 특히 웹 페이지 제목에도 표시됐던 주요 내용은 콘텐츠 블록의 제목으로도 제공해야 하며 콘텐츠 블록의 제목으로 웹 페이지의 목차를 구성하기에 손색이 없어야 한다. 하지만 너무 많은 제목을 제공하면 빠른 탐색에 방해가 될 수 있으므로 콘텐츠 블록을 적당한 크기로 나눠 제목을 제공하는 것이 좋다.

접근성이 좋아요

- 각 콘텐츠 블록의 제목을 단계에 맞게 〈h1〉~〈h6〉 요소로 제공한다. 그림 131은 네이버 국어사전에서 '접근성'을 검색한 결과 화면으로 'NAVER 사전'에는 〈h1〉 요소를, '국어사전'에는 〈h2〉 요소를, '단어', '본문'에는 〈h3〉 요소를 선언했다.

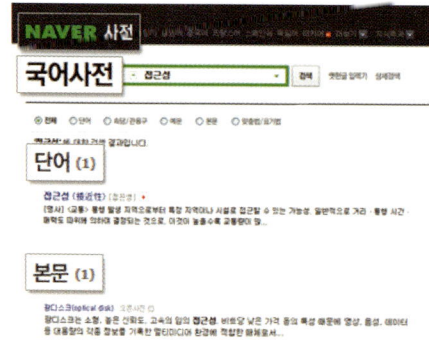

그림 131 네이버 국어사전의 콘텐츠 블록 제목 제공 예

접근성이 부족해요

- 각 콘텐츠 블록에 제목을 제공하지 않았다.

02 확인 방법. N-WAX로 콘텐츠 블록 제목 확인

준비 도구 - N-WAX

설치 및 실행 방법은 1부의 "N-WAX(42쪽)"를 참고한다.

1. 확인하려는 웹 페이지를 연 뒤 N-WAX를 실행한다.
2. '7.1.3 콘텐츠 블록 제목' 항목을 선택해 콘텐츠 블록의 제목을 확인한다. 그림 132와 같이 제목만으로 페이지의 내용을 쉽게 파악할 수 있는지 확인한다.

7.1.3 콘텐츠 블록 제목 (22)		
숨김	요소	내용
	h1	네이버 사전홈
	h2	국어사전
	h3	'접근성' 에 대한 검색 결과입니다.
	h4	단어(1)
	h4	본문(1)
	h4	예문(1)

그림 132 N-WAX의 '7.1.3 콘텐츠 블록 제목' 항목을 펼친 화면

33 건너뛰기 링크 지정하기
쉽고 빠른 탐색 환경 제공하기

화면을 보며 마우스를 사용할 때는 원하는 콘텐츠에 쉽게 접근할 수 있다. 또, 화면의 스크롤을 움직여 관심 있는 링크를 발견하면 마우스를 클릭해 원하는 페이지로 이동할 수 있다. 화면을 볼 수 없거나 손을 자유롭게 움직일 수 없는 경우에도 키보드의 Tab 키를 눌러 링크와 온라인 서식에 접근할 수는 있다. 그러나 원하는 콘텐츠까지 이동하는 것은 쉽지 않다.

네이버 지식iN의 메인 페이지에는 약 400여 개의 링크가 존재한다. 접근하려는 링크가 윗부분에 있다면 쉽게 접근할 수 있겠지만 그렇지 않다면 Tab 키를 수십 번, 수백 번 눌러야 할 수도 있다. 특히 서비스 메뉴처럼 페이지를 이동할 때마다 반복적으로 등장하는 링크는 원한다면 건너뛸 수 있게 해서 마우스를 이용할 수 없어도 주요 콘텐츠에 빠르게 접근할 수 있게 하는 것이 좋다.

Screen Reader :
링크 - NAVER - 링크 - 지식iN - 검색창,입력창 - 버튼,검색
- 버튼,통합검색 - 사이트메뉴 - 링크 - 지식iN홈 - 링크 - 지식
Q&A - 링크 - 오픈사전 - 링크 - 지식iN사람들 - 현재위치 -
홈 > 지식Q&A > 엔터테인먼트, 예술 ...

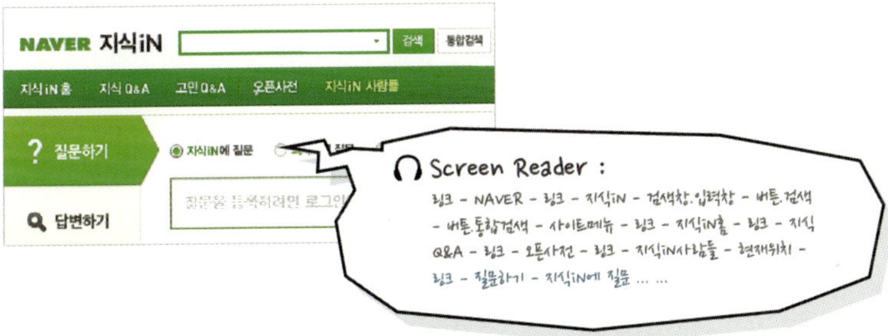

Screen Reader :
링크 - NAVER - 링크 - 지식iN - 검색창,입력창 - 버튼,검색
- 버튼,통합검색 - 사이트메뉴 - 링크 - 지식iN홈 - 링크 - 지식
Q&A - 링크 - 오픈사전 - 링크 - 지식iN사람들 - 현재위치 -
링크 - 질문하기 - 지식iN에 질문 ...

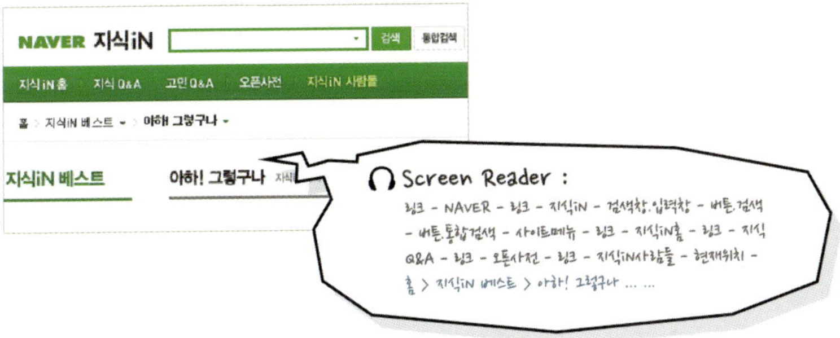

Screen Reader :
링크 - NAVER - 링크 - 지식iN - 검색창,입력창 - 버튼,검색
- 버튼,통합검색 - 사이트메뉴 - 링크 - 지식iN홈 - 링크 - 지식
Q&A - 링크 - 오픈사전 - 링크 - 지식iN사람들 - 현재위치 -
홈 > 지식iN 베스트 > 아하! 그렇구나 ...

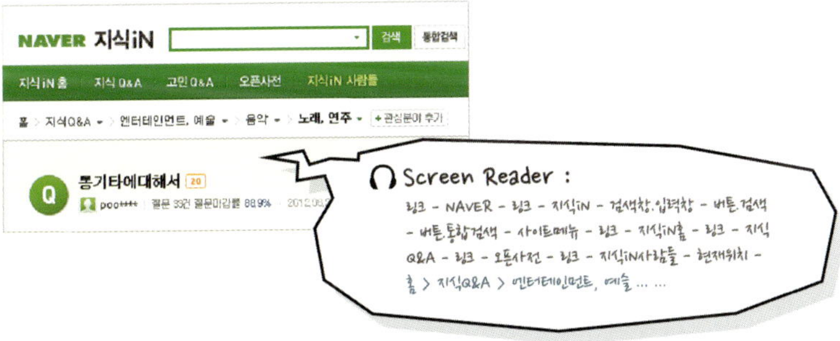

01 유형. 건너뛰기 링크

건너뛰기 링크는 로고, 검색창, 서비스 메뉴 등 페이지마다 반복되는 영역을 건너뛰고 주요 콘텐츠로 바로 이동하는 링크다. 불필요한 탐색을 최대한 줄이도록 페이지 시작 부분에 있어야 한다. 화면은 볼 수 있지만 마우스를 사용할 수 없는 사용자를 고려해 화면에 항상 표시하는 것이 가장 바람직하며, 기존의 화면 구성을 그대로 유지하고 싶다면 적어도 키보드의 **Tab** 키를 눌렀을 때 화면에 표시해야 한다. 그러나 건너뛰기 링크가 너무 많다면 원래의 목적을 잃기 쉽다. 건너뛰기 링크는 핵심 콘텐츠로 이동하는 3개 이하의 링크로 제공하는 것이 좋다.

접근성이 좋아요

- 페이지마다 반복되는 콘텐츠가 있다면 건너뛰기 링크를 제공한다.
- 건너뛰기 링크를 그림 133과 같이 항상 화면에 표시하거나 그림 134와 같이 키보드의 **Tab** 키를 눌렀을 때 화면에 표시한다.

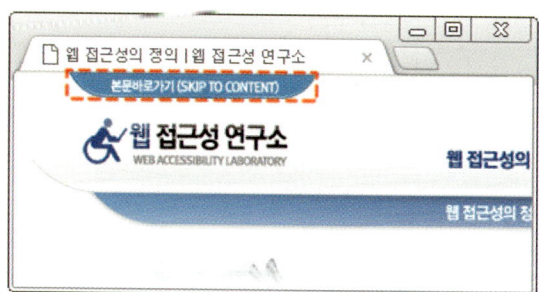

그림 133 웹 접근성 연구소(http://wah.or.kr/)의 항상 표시하는 건너뛰기 링크

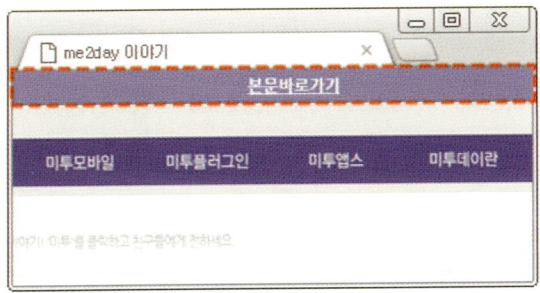

그림 134 미투데이의 키보드 Tab 키 접근 시 표시하는 건너뛰기 링크

- 건너뛰기 링크에 포커스를 둔 다음 **Enter** 키를 눌러 실행했을 때 본문으로 포커스가 이동한다.
- 단일 페이지거나 반복되는 콘텐츠가 없을 때는 건너뛰기 링크를 제공하지 않는다.

접근성이 부족해요
- 페이지마다 반복되는 콘텐츠가 있는데도 건너뛰기 링크를 제공하지 않는다.
- 건너뛰기 링크가 있지만, 키보드의 **Tab** 키를 눌렀을 때 화면에 표시하지 않는다.
- 건너뛰기 링크에 포커스를 맞춘 다음 **Enter** 키를 눌러 실행했을 때 본문으로 포커스가 이동하지 않는다.

02 확인 방법. 건너뛰기 링크 확인

준비 도구 - 없음

눈으로 확인한다.

1. 확인하려는 웹 페이지를 연다.
2. 페이지 시작 부분에 건너뛰기 링크가 있는지 확인한다.
3. 페이지 시작 부분에 건너뛰기 링크가 없다면 키보드의 **Tab** 키를 눌렀을 때 화면에 표시되는지 확인한다.
4. 건너뛰기 링크에 포커스를 맞춘 상태에서 **Enter** 키를 누른다.
5. 건너뛰기 링크의 목적지로 포커스가 이동하는지 확인한다.

쉽고 빠른 탐색 환경 제공하기
명확한 링크 텍스트 지정하기 34

링크는 다른 영역 또는 다른 페이지로 이동하는 역할을 하며 HTML의 〈a〉 요소로 마크업한다. 링크의 목적지는 링크의 텍스트 정보로 알 수 있는데, '더보기', '전체보기'와 같이 링크만으로는 목적지를 파악할 수 없을 때도 있다. 물론 '공지사항'이라는 제목 바로 옆에 '더보기' 링크가 있다면 '더보기'의 목적지가 공지사항을 더 볼 수 있는 페이지라는 것을 쉽게 알 수 있지만, 화면을 볼 수 없고 순차적으로 콘텐츠를 탐색하는 시각 장애 환경에서는 링크의 텍스트가 명확해야 한다. 보조기기에서 탐색 순서를 결정하는 HTML을 작성할 때 앞뒤 문맥으로 링크의 목적지를 쉽게 파악할 수 있게 하거나 앞뒤 문맥과 상관없이 링크만으로 목적지를 파악할 수 있게 링크의 텍스트를 구체적으로 쓴다. 링크의 목적지를 화면에 모두 표시하기에 공간이 부족하다면 보조기기에서만 인식할 수 있는 방법으로 제공하거나 title 속성을 이용해 보조 정보로 제공할 수도 있다.

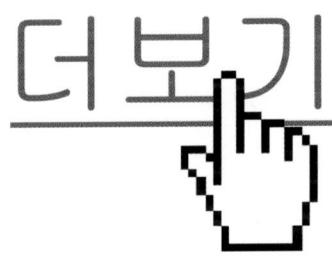

이 링크가 우리를 어디로 보내 버릴지, 아무도 몰라요~

01 유형. 링크

링크의 텍스트 정보는 크게 두 가지로 나뉜다. 첫째는 '더보기', '전체보기'와 같이 단독으로는 목적지를 알 수 없는 경우다. 그림 135의 ❶번 링크는 '전문가 답변'이라는 제목과 함께 있어야만 목적지를 파악할 수 있다. 이와 달리 ❷번은 링크의 텍스트 정보가 목적지를 직접 알린다. 접근성을 보장하기 위해 특별히 유의해야 하는 경우는 ❶번 링크다. 화면에서뿐만 아니라 보조기기를 이용해 순차적으로 콘텐츠를 탐색할 때도 '더보기' 링크가 '전문가 답변 더보기'라는 것을 분명하게 밝혀야 한다.

그림 135 링크 텍스트 유형

접근성이 좋아요

- 링크의 텍스트 정보에 목적지를 밝힌다. 그림 136은 뉴스캐스트에서 IT/과학 카테고리를 선택했을 때 나타나는 화면이다. 빨간색 테두리로 표시된 링크의 텍스트 정보가 'IT/과학 뉴스 전체 보기'로 돼 있어 목적지를 쉽게 알 수 있다. 만약 링크 텍스트를 '전체 보기'로만 한다면 어떤 콘텐츠의 '전체 보기'로 이동하는 것인지 알 수 없다.

그림 136 링크 텍스트의 목적지가 명확한 예

- 링크의 목적지를 나타내는 콘텐츠가 이미 제공됐거나 링크 텍스트를 표시할 공간이 부족하다면 화면에는 표시하지 않지만 보조기기가 인식할 수 있는 스타일을 지정한다. 아래 코드에서는 '더보기' 링크 텍스트에 목적지를 알 수 있는 '전문가 답변'이라는 단서를 추가한 뒤 'blind'라는 클래스를 선언해 화면에는 보이지 않게 스타일을 지정했다.

```
<style type="text/css">
.blind{overflow:hidden;position:absolute;top:0;left:0;width:0;height:0;font-size:0;line-height:0}
</style>

<a href="…"><span class="blind">전문가  답변</span>더보기</a>
```

- 또는 <a> 요소에 title 속성을 추가해 목적지를 보조 정보로 제공한다.

```
<a href="…" title="전문가  답변 더보기">더보기</a>
```

접근성이 부족해요

- 링크 텍스트만으로 목적지를 알 수 없다. 그림 137은 '지식iN 랭킹', '급상승 랭킹'이라는 두 개의 탭 메뉴가 있고 어떤 메뉴를 선택하느냐에 따라 '더보기' 링크의 목적지가 달라진다. 아래에 제시된 코드와 같이 '더보기' 링크에 목적지를 명시하지 않는다면 화면을 볼 수 없는 시각 장애 환경에서는 '더보기' 링크가 항상 '급상승 랭킹' 더보기를 의미한다고 오해할 수 있다.

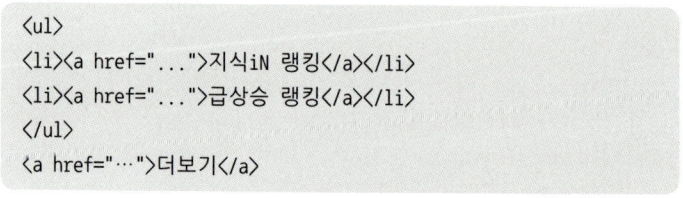

그림 137 단독으로는 목적지를 알 수 없는 링크 텍스트

```
<ul>
<li><a href="...">지식iN 랭킹</a></li>
<li><a href="...">급상승 랭킹</a></li>
</ul>
<a href="…">더보기</a>
```

02 확인 방법. N-WAX로 링크 텍스트 정보 확인

준비 도구 - N-WAX

설치 및 실행 방법은 1부의 "N-WAX(42쪽)"를 참고한다.

1. 확인하려는 웹 페이지를 연 뒤 N-WAX를 실행한다.
2. '7.3.1 링크 텍스트' 항목을 선택해 링크의 텍스트 정보를 확인한다. 링크에 텍스트 정보가 있으면 흰 셀로 표시되며, 그림 138과 같이 텍스트 정보만으로 링크의 목적지를 알 수 있는지 확인한다.

숨김	요소	내용
	a	카페메일함사용하기
	a	스팸메일함
	a	17 (title: 안읽은 메일)
	a	비우기 (title: 메일함 비우기)
	a	휴지통

그림 138 N-WAX의 '7.3.1 링크 텍스트' 항목을 펼친 화면

3. 링크에 텍스트 정보가 있지만 그림 139와 같이 단독으로는 목적지를 알 수 없다면 개선이 필요하다.

숨김	요소	내용
	a	더보기
	a	이전
	a	다음

그림 139 단독으로 목적지를 알 수 없는 링크를 제공한 결과 화면

4. 링크에 텍스트 정보가 없으면 그림 140과 같이 빨간 셀로 표시되며 개선이 필요하다.

숨김	요소	내용
	a	-

그림 140 링크 텍스트가 없는 결과 화면

사용자 오류 예방하기
사용자가 의도하지 않은 기능은 실행되지 않게 하기

화면을 볼 수 있는 환경에서는 링크를 클릭했을 때 새 창이 나타나거나 입력 서식을 입력했을 때 포커스의 위치가 자동으로 전환되는 경우를 쉽게 접할 수 있다. 새 페이지에 접속했을 때 팝업이 자동으로 나타나면 귀찮고 번거롭기는 하지만 금세 닫아 버리고 원래 하려던 일을 계속할 수 있다. 하지만 시각 장애 환경에서는 예측할 수 없는 변화가 단순히 귀찮고 번거로운 것이 아니라, 이후에 웹 탐색을 할 수 없는 결정적인 요인으로 작용한다. 마우스를 사용할 수 없는 운동 장애 환경에서는 의도하지 않은 상황이 발생했을 때 원래의 상태로 돌아가려면 불필요하게 키를 조작해야 한다. 따라서 발생할 수 있는 변화를 사전에 공지하거나, 사용자가 실행하던 기능을 완료할 수 있는 버튼을 별도로 제공하는 것이 좋다.

새로운 아이폰 콘셉트 디자인 등장

[ㅇㅇ일보] 홍길동 IT기자 | 2012.12.03 09:30

미국 디자인 전문지 ㅇㅇㅇ에서 아이폰6 콘셉트 디자인 동영상이 등장해 주목을 끌고있다.

이 동영상은 아이폰의 후면에 설치된 극소 파 모양의 터치 버튼 디자인을 카그라고 있다. 볼륨 및 화면 밝기를 이 터치 버튼을 콘셉트를 설명하고

ㅇㅇㅇ 전문지 협력업체 관 보도했다.

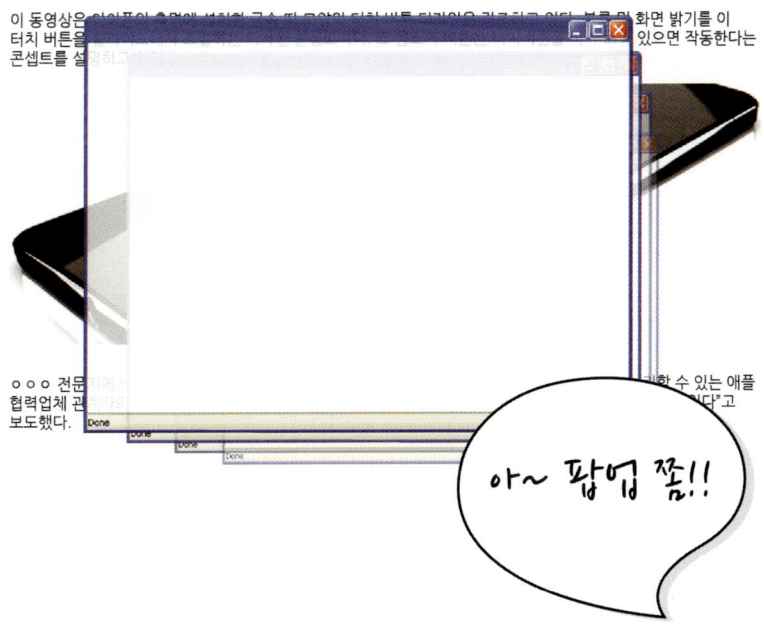

01 유형 1. 새 창(새 탭)

새 창이란 링크를 클릭했을 때 원래 있던 창에서 페이지가 이동되지 않고 새로운 창이 열리는 것으로, 주로 다른 서비스로 이동할 때 제공된다. 새 창을 열면 현재 탐색하고 있는 창에서 다른 창으로 이동하므로 시각 장애 환경에서도 탐색 위치가 변경된다는 것을 미리 알 수 있게 한다. 새 창을 열려면 HTML의 〈a〉 요소에 target 속성을 '_blank'로 지정하거나 자바스크립트의 window.open() 메서드를 이용한다. 〈a〉 요소에 target="_blank" 속성을 지정하면 스크린 리더와 점자 정보 단말기는 새 창이라는 것을 사용자에게 미리 알리며, window.open() 메서드를 이용할 때는 새 창을 호출하는 요소에 title="새 창" 속성을 선언해 보조 정보를 제공한다.

접근성이 좋아요

- 새 창을 호출하는 〈a〉 요소에 target="_blank" 속성을 선언한다.

```
<a href="http://naver.com" target="_blank">네이버</a>
```

- 자바스크립트의 window.open() 메서드를 이용해 새 창을 열었을 때 새 창을 호출하는 요소에 title="새 창" 속성을 선언한다.

```
<input type="button" onclick="window.open('http://naver.com')"
value="네이버" title="새 창" />
```

접근성이 부족해요

- 새 창을 호출하는 〈a〉 요소에 target="_blank" 속성을 선언하지 않는다.
- window.open() 메서드로 새 창을 열었을 때 새 창을 호출하는 요소에 title="새 창" 속성을 선언하지 않는다.

02 유형 2. 사용자가 의도하지 않은 팝업, 레이어

사용자가 의도하지 않은 팝업, 레이어란 페이지에 접속할 때 공지사항이나 이벤트 프로모션을 알리기 위해 팝업, 레이어를 자동으로 열리게 하거나, 우편번호 텍스트 입력란에 포커스를 맞추면 우편번호 검색 팝업이 자동으로 열리는 것을 말한다. 시각 장애 환경에서는 의도하지 않은 팝업에 접근했을 때 링크나 버튼이 잘못 실행됐다고 오해할 수 있다. 자동으로 열리는 레이어는 원래 접근하려고 했던 페이지의 콘텐츠를 가리기 때문에 마우스를 이용할 수 없는 사용자도 레이어를 쉽게 닫을 수 있게 해야 한다. 의도하지 않은 레이어는 시각 장애 환경에서 인식할 수 없으므로 중요한 내용은 의도하지 않은 레이어로 제공하지 않는다.

접근성이 좋아요

- 페이지에 접속할 때 팝업이나 레이어가 자동으로 열리지 않는다.
- 입력 서식에 입력할 때 필요한 팝업이나 레이어는 링크 또는 버튼을 눌렀을 때 호출한다. 그림 141은 우편번호 검색 팝업이 '우편번호 찾기' 버튼을 클릭했을 때 열리는 예다.

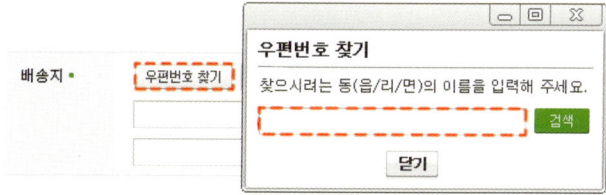

그림 141 '우편번호 찾기' 버튼을 이용한 우편번호 검색

접근성이 부족해요

- 페이지에 접속했을 때 팝업이나 레이어가 자동으로 열린다. 입력 서식에 포커스가 있을 때 팝업이나 레이어가 자동으로 열린다.

03 유형 3. 텍스트 입력란의 포커스 자동 변경과 기능 실행

텍스트 입력란의 포커스 자동 변경 실행이란 자릿수가 정해져 있는 주민등록번호나 카드 번호를 입력할 때 그림 142와 같이 앞자리를 입력하고 나면 자동으로 다음 텍스트 입력란으로 포커스가 이동하는 것을 말한다. 화면에서는 포커스가 이동한 것을 쉽게 알 수 있지만 화면을 볼 수 없는 시각 장애 환경에서는 포커스가 변경됐다는 사실을 알 수 없다.

그림 142 포커스가 자동으로 변경되는 예

접근성이 좋아요

- 텍스트 입력란에 지정된 자릿수의 값을 모두 입력해도 포커스가 이동하지 않는다.
- 입력 서식 포커스는 사용자가 키보드의 탭 키 또는 방향 키를 입력했을 때만 이동할 수 있다.
- 사용 편의를 위해 텍스트 입력란의 포커스 자동 변경을 유지하려면 그림 143과 같이 포커스의 이동을 미리 알린다. 화면에 표시하지 않더라도 보조기기 사용자가 인식할 수 있는 방법으로 제공해야 한다.

그림 143 포커스 자동 변경을 미리 안내한 예

- 사용 편의를 위해 텍스트 입력란의 포커스 자동 변경을 유지하려면 이전 텍스트 입력란으로 포커스를 이동했을 때 다시 다음 텍스트 입력란으로 포커스가 이동하지 않게 한다.

접근성이 부족해요
- 텍스트 입력란에 지정된 자릿수의 값을 모두 입력하면 다음 텍스트 입력란으로 포커스가 자동으로 이동된다.
- 자동으로 포커스가 이동된 후 이전 텍스트 입력란으로 포커스를 다시 이동할 수 없다.

04 유형 4. 입력 서식 값 자동 전송

입력 서식 값 자동 전송이란 체크 박스, 라디오 버튼, 선택 목록의 값을 선택하거나 변경하기만 해도 선택된 값이 전송되거나 페이지가 이동하는 것을 말한다. 시각 장애 환경에서는 전송 기능을 실행하기 전의 화면 변화를 인식할 수 없으며, 값을 선택한 것만으로 페이지가 변경되면 혼란스러울 수 있다.

접근성이 좋아요

- 입력 서식은 전송 버튼을 눌렀을 때 실행돼야 한다. 그림 144는 부동산 매물 조건을 입력하는 서식으로, **조회하기**를 클릭해야 값이 전송된다.

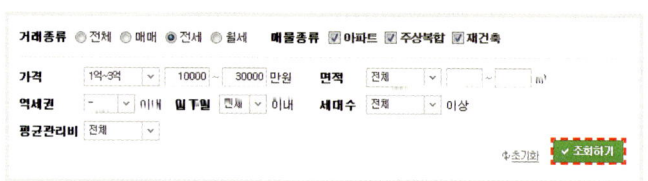

그림 144 매물 조회 입력 서식 입력

- 검색 편의를 위해 값을 선택했을 때 바로 결과를 보여 주려면 페이지를 갱신하지 않고 포커스 위치를 유지한다. 그림 145는 조건에 맞는 축제, 행사를 검색하는 화면으로, 원하는 조건을 선택해도 페이지나 포커스가 유지되기 때문에 선택한 조건에 맞는 검색 결과 값에 쉽게 접근할 수 있다.

그림 145 조건에 맞는 검색 결과 값을 바로 확인할 수 있는 화면

접근성이 부족해요

- 입력 서식 값을 선택하거나 변경했을 때 값을 전송하거나 페이지가 이동한다.

05 확인 방법. 의도하지 않은 기능이 실행되는지 확인

준비 도구 - 없음

눈으로 직접 확인한다.

1. 확인하려는 웹 페이지를 연다.
2. 페이지를 열었을 때 자동으로 열리는 팝업 또는 레이어가 있는지 확인한다.
3. 페이지 안의 링크 및 입력 서식 요소를 이동하면서 포커스가 자동으로 변경되는 곳이 있는지 확인한다.
4. 페이지 안의 링크 및 입력 서식 요소를 이동하면서 포커스를 받거나 값을 선택하기만 해도 값이 전송되거나 페이지가 변경되는지 확인한다.

사용자 오류 예방하기
입력 서식에 레이블 지정하기 36

텍스트 입력란, 라디오 버튼, 체크 박스, 선택 목록, 파일 찾기 버튼은 사용자가 입력해야 하는 웹 콘텐츠 요소다. 각 입력 서식에 어떤 값을 어떤 목적으로 입력해야 하는지는 함께 제공되는 레이블로 알 수 있다. **아이디**라는 레이블이 있는 텍스트 입력란에는 아이디를 입력하고 **비밀번호**라는 레이블이 있는 텍스트 입력란에는 비밀번호를 입력한다. 체크 박스나 라디오 버튼은 오른쪽 또는 왼쪽에 제공된 레이블을 확인한 후 선택 여부를 결정할 수 있다. 레이블은 HTML의 〈label〉 요소로 제공한다. 입력 요소의 id 속성과 〈label〉 요소의 for 속성을 같은 값으로 지정하면 스크린 리더나 점자 정보 단말기에서 두 요소가 짝을 이뤄, 화면을 볼 수 없어도 입력 서식에 어떤 값을 입력해야 하는지 알 수 있다. 휴대폰 번호 입력 서식과 같이 하나의 정보를 앞자리, 가운데 자리, 끝자리로 나눠 입력할 때는 각 입력 요소에 일대일로 대응하는 레이블을 제공해야 한다. 웹 브라우저에서는 각 입력 요소에 레이블이 없어도 순서나 모양을 통해 어떤 값을 입력해야 하는지 쉽게 알 수 있지만 시각 장애 환경에서는 레이블에 의존해 입력 서식의 용도를 인식하기 때문이다. 휴대폰 번호를 입력하는 세 개의 입력 서식처럼 각 요소의 레이블을 화면에 표시할 수 없다면 〈label〉 요소를 보조기기에서만 인식할 수 있는 방법으로 제공하거나 입력 요소에 title 속성을 선언해 보조 정보로 제공할 수도 있다.

	국민일보		내일신문		동아일보		강원일보		경기일보		경남신문	
	서울신문	☑	세계일보		조선일보		경인일보		광주일보		국제신문	
	경기일보		전남일보		전북일보	☑	매일신문		부산일보		영남일보	

우린 지금,
서울신문, 강원일보, 전북일보
를 선택했어.

아니지,
세계일보, 경기일보, 매일신문
을 선택한거지~

사용자 오류 예방하기

01 유형. 입력 서식

사용자가 입력해야 하는 입력 서식 요소는 표 4와 같다. 표 4에는 없지만 HTML 5에 추가된 날짜, 메일, URL 등의 다양한 입력 서식 요소에도 일대일로 대응하는 레이블을 제공한다.

표 4 입력 서식 요소

입력 서식 요소 명칭	모양
텍스트 입력란	한 줄 입력
암호 입력란	●●●●
여러 줄 입력란	여러 줄을 입력할 수 있는 멀티라인 편집창
라디오 버튼	⦿ ○
체크 박스	☑ ☐
선택 목록	셀렉트박스 ▼
파일 찾기 버튼	[ ] 찾아보기...

접근성이 좋아요

- 화면에 표시된 레이블을 <label> 요소로 마크업하고 <label> 요소의 for 속성과 입력 서식 요소의 id 속성을 같은 값으로 지정한다. 그림 146에는 두 개의 라디오 버튼과 두 개의 레이블이 있다. 각 레이블은 <label> 요소로 마크업한다. 첫 번째 라디오 버튼의 id 속성 값은 'sms_yes'이며 **수신함**이라는 레이블의 for 속성 값과 일치한다. 두 번째 라디오 버튼의 id 속성 값은 'sms_no'이며 **수신하지 않음**이라는 레이블의 for 속성 값과 일치한다.

그림 146 문자 메시지 수신 여부를 선택하는 두 개의 라디오 버튼

```
<input type="radio" name="sms_agree" id="sms_yes" />
<label for="sms_yes">수신함</label>
<input type="radio" name="sms_agree" id="sms_no" />
<label for="sms_no">수신하지 않음</label>
```

- 입력 요소와 일대일로 대응하는 레이블을 화면에 표시하지 않더라도 보조기기가 인식할 수 있는 방법으로 레이블을 제공한다. 그림 147은 휴대폰 번호 입력 서식으로, 세 개의 입력 요소가 존재하지만 화면에는 **휴대폰**이라는 하나의 단서만 제공한다. 이럴 때는 각 레이블을 제공하지만 'blind'라는 클래스를 선언해 화면에는 보이지 않도록 스타일을 지정할 수 있다.

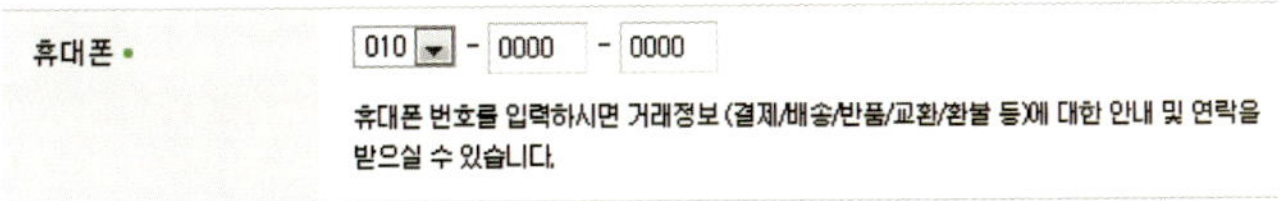

그림 147 휴대폰 번호를 입력하는 한 개의 선택 목록과 두 개의 텍스트 입력란

```
<style type="text/css"">
.blind{overflow:hidden;position:absolute;top:0;left:0;
width:0;height:0;font-size:0;line-height:0}
</style>

<label for="hp_num1" class="blind">휴대폰 앞자리</label>
<select id="hp_num1">
<option>010</option>
<option>011</option>
...
</select>
```

사용자 오류 예방하기 **219**

```
<label for="hp_num2" class="blind">휴대폰 가운데 자리</label>
<input type="text" id="hp_num2" value="0000">
-
<label for="hp_num3" class="blind">휴대폰 뒷자리</label>
<input type="text" id="hp_num3" value="0000">
```

- 입력 요소와 일대일로 대응하는 레이블이 화면에 표시되지 않으면 <label>을 감추는 대신 입력 요소에 title 속성을 선언한다. 그림 148은 게시물을 검색하는 입력 서식으로, 레이블을 화면에 표시하지 않지만 텍스트 입력란 요소에 title 속성을 지정해 보조 정보를 제공한다. 단, 레이블을 화면에 표시한 경우에는 title 속성 대신 <label> 요소를 사용한다.

그림 148 레이블을 화면에 표시하지 않은 검색어 텍스트 입력란

```
<input type="text" title="게시물 제목 검색" />
```

접근성이 부족해요

- 입력 요소에 title 속성이나 <label> 요소를 사용하지 않는다.
- 입력 요소의 title 속성 값이나 <label> 요소를 사용하지만 입력 서식의 목적을 명확하게 전달하지 않는다. 그림 148은 텍스트 입력란의 레이블로 검색 대상을 명확하게 알 수 없는 예다.

```
<input type="text" title="검색" />
```

- <label> 요소를 사용하지만 입력 요소의 id 속성 값과 <label> 요소의 for 속성 값이 일치하지 않는다.

```
<input type="radio" name="sms_agree" id="sms_yes" />
<label for="sms_agree">수신함</label>
```

02 확인 방법. N-WAX로 입력 서식 요소의 레이블 확인

준비 도구 - N-WAX

설치 및 실행 방법은 1부의 "N-WAX(42쪽)"를 참고한다.

1. 확인하려는 웹 페이지를 열어 N-WAX를 실행한다. 입력 서식을 포함한 페이지의 위치를 미리 파악해 두면 편리하게 확인할 수 있다.

2. '8.2.1 레이블' 항목을 선택해 입력 서식 요소의 레이블을 확인한다. 각 입력 요소에 연결된 〈label〉 요소가 있으면 그림 149와 같이 흰 셀로 표시된다. 레이블의 내용이 명확한지 확인한다.

숨김	요소	폼 유형	label 연결	title 속성값
	input	checkbox	휴지통으로 이동	-
	select	-	삭제 메일 보관 기간	-
	select	-	보낸 메일 보관 기간	-

그림 149 N-WAX의 '8.2.1 레이블' 항목을 펼친 화면

3. 〈label〉 요소 대신 title 속성으로 레이블을 제공한 경우 그림 150과 같이 노란 셀로 표시된다. 레이블이 화면에 표시되는지 확인한다. 화면에 레이블이 표시되는데도 title 속성을 사용했다면 〈label〉 요소로 변경한다.

숨김	요소	폼 유형	label 연결	title 속성값
	input	radio	X	직접 입력 선택

그림 150 입력 서식의 레이블로 title 속성을 사용한 결과 화면

4. 입력 요소에 레이블을 나타내는 〈label〉 요소나 title 속성을 선언하지 않으면 그림 151과 같이 빨간 셀로 표시되며 개선이 필요하다.

숨김	요소	폼 유형	label 연결	title 속성값
	input	text	X	-

그림 151 입력 서식에 레이블을 제공하지 않은 결과 화면

사용자 오류 예방하기
입력 오류를 인지하고 수정할 수 있게 하기

입력 서식을 작성할 때 필수 입력 항목을 빠뜨리거나 요구 조건에 맞지 않는 값을 입력하는 실수를 할 때가 있다. 이런 경우 시각 장애 환경에서는 어디에 무엇이 잘못됐는지 바로 확인하기 어렵다. 오류 지점을 확인하기 위해 웹 페이지를 처음부터 다시 탐색하기도 한다. 마우스를 사용하기 어려운 운동 장애 환경 역시 입력 오류가 발생한 곳까지 이동해 오류를 수정하는 데 많은 시간이 걸린다. 따라서 입력 서식이 전송되기 전에 어떤 오류가 발생했는지 사용자에게 알리고 수정이 필요한 곳에 포커스를 맞춰 바로 수정할 수 있게 하는 것이 좋다.

• 아이디	a11y	중복확인
• 비밀번호	********	
• 비밀번호 확인	********	
이름	근성이	
• 메일	accessibility @ naver.com	
• 메일 수신여부	○ 수신함 ● 수신 안 함	
	유익한 이벤트 소식을 받으실 수 있습니다.	
	메일 수신에 동의하지 않으셔도 결제 및 배송과 관련된 메일은 발송됩니다.	
• 전화번호	010 - 000 - 0000	
• 휴대폰번호	010 - 000 - 0000	휴대폰 인증
• SMS 수신여부	● 수신함 ○ 수신 안 함	
	휴대폰 문자메세지로 받으실 수 있습니다.	
	결제 및 배송과 관련된 SMS는 발송됩니다.	
• 대표주소	번호 찾기	
	xxxx-x	

잘못 입력했습니다.
다시 확인해 주세요.

확인   취소

어디를??

사용자 오류 예방하기   223

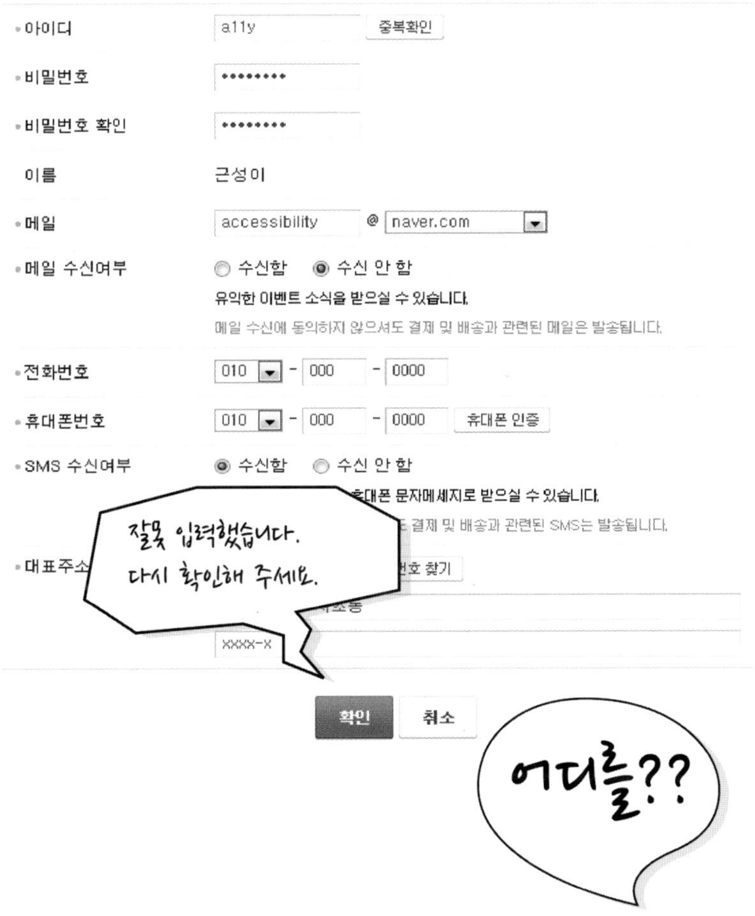

01 유형. 입력 서식

입력 서식에 사용자가 정보를 입력할 때 발생할 수 있는 오류는 크게 두 가지다. 첫째는 반드시 입력해야 하는 필수 항목을 빠뜨린 경우고, 둘째는 입력 양식에 제한이 있는 경우다. 그림 152는 회원가입에 필요한 정보를 입력하는 서식이다. 아이디와 별명이 모두 필수 입력 사항으로 표기돼 있어 둘 중 하나라도 입력하지 않으면 회원가입을 할 수 없다. 또한 별명은 한글 10자, 영문 20자까지만 입력할 수 있으며 정해진 글자 수에서 한두 글자를 더 입력했다면 오류가 발생한다.

✓ 이름	근성이
✓ 아이디	＿＿＿＿＿ @naver.com [중복확인] 입력하신 아이디로 네이버 이메일 주소가 생성됩니다.
✓ 별명	＿＿＿＿＿ 한글 10자 영문 20자까지 가능, 한글 영문 숫자 혼용 가능

✓ 표시 필수입력사항

그림 152 필수 입력 항목과 입력 양식에 제한이 있는 서식

접근성이 좋아요

- 입력 오류가 발생한 상태로 **전송**을 클릭하면 오류 내용을 경고 창으로 정확하게 알린다. 그림 153은 아이디를 입력하지 않고 **전송**을 클릭했을 때 **아이디를 입력하세요.**라는 정확한 오류 메시지를 경고 창으로 제공한 예다.

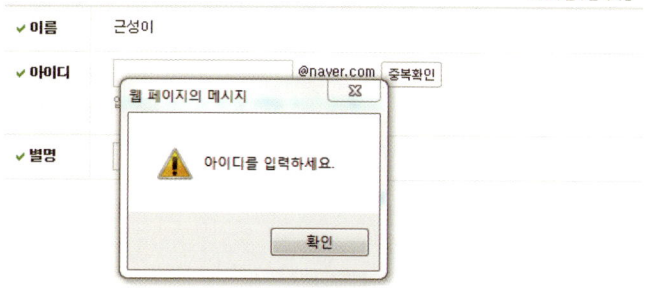

그림 153 아이디 입력 오류를 알려주는 경고 창

- 경고 창을 닫으면 그림 154와 같이 오류가 발생한 지점으로 포커스를 맞춰 오류 항목을 바로 수정할 수 있게 한다. 만약 오류 항목이 여러 개라면 가장 먼저 오류가 발생한 지점으로 포커스가 이동한다.

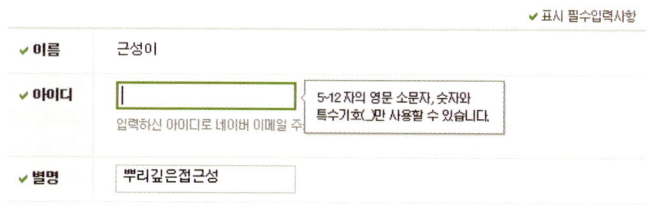

그림 154 오류가 발생한 지점으로 포커스가 이동한 화면

접근성이 부족해요

- 입력 오류가 발생한 상태에서 **전송**을 클릭하면 입력 값이 모두 초기화된다.
- 입력 오류가 발생한 상태에서 **전송**을 클릭하면 오류 페이지로 이동한다.
- 입력 오류를 경고 창으로 알렸지만 그림 155와 같이 무엇이 잘못됐는지 정확히 알 수 없다.

그림 155 입력 오류를 알리고 있으나 오류 내용이 정확하지 않은 예

- 입력 오류가 발생한 상태로 **전송**을 클릭하면 오류 내용을 경고 창으로 정확하게 알리지만, 오류가 발생한 지점으로 포커스를 이동시키지 않는다.

02 확인 방법. 입력 오류 확인

준비 도구 - 없음

눈으로 확인한다.

1. 입력 서식을 포함한 페이지의 위치를 미리 파악해 두면 편리하게 확인할 수 있다.
2. 필수 항목을 입력하지 않거나 입력 양식이 제한된 서식을 입력한 후 **전송**을 클릭한다. 이때 오류 메시지를 경고 창으로 제공하는지 확인한다.
3. 오류 메시지로 잘못된 부분을 알 수 있는지 확인한다.
4. 경고 창을 닫으면 오류가 발생한 지점으로 포커스가 이동하는지 확인한다.

3부 문제 해결

가이드에는 없는,
실질적인 문제들에 대한 **속 시원한 해결책!**

접근성, 어디까지 보장해야 할까?
이게 맞을까, 저게 맞을까?
시각 장애인은 어떻게 웹을 탐색할까?

시각 기반의 서비스, 지도와 웹툰

접근성, 어디까지 보장해야 할까?

2부의 "그래픽 콘텐츠에 대체 텍스트 제공하기(66쪽)"에서 시각 장애 환경을 고려해 이미지에 대체 텍스트를 제공하는 방법을 소개했다. 간단한 문구로는 표현하기 어려운 사진이나 그래프도 최대한 상세하게 대체 텍스트를 제공해야 한다. 여기까지는 접근성을 보장하는 데 큰 문제가 없을 것이다. 하지만 이미지와 텍스트로 이뤄진 지도, 웹툰과 같은 서비스를 생각하면 어디서부터 어떻게 접근성을 보장해야 할지 막막할 것이다. 눈이 보인다는 것을 전제로 만들어진 서비스기 때문에 시각 장애인을 아예 배제할 수도 있겠다. 시각 장애인들은 정말 지도나 웹툰을 보고 싶은 생각이 없을까?

시각 장애인들도 사람들로부터 많이 회자되는 인기 웹툰의 내용을 알고 싶어 하고 대화에 참여하기를 원한다. 어쩌면 '시각 장애인이니까 웹툰은 못 볼 거야.'라고 생각하는 것 자체가 차별일 것이다. 지도 역시 마찬가지다. 친구와 약속한 장소의 위치를 알고 싶고, 지하철 몇 호선을 타야 가장 빠르게 약속 장소에 도착할 수 있는지 알고 싶어한다.

시각에 의존하는 서비스가 접근성을 보장하기 어렵다는 것은 정보를 제공하는 형태가 같아야 한다는 고정관념에서 비롯된 생각이다. 디지털 정보는 제공 형태를 자유자재로 바꿀 수 있다. 그렇기 때문에 데스크톱에서 이용했던 웹 서비스를 4인치의 스마트폰에서도 이용할 수 있다. 정보를 제공하는 형태가 같아야 한다는 고정관념을 버리고 사용자가 얻고자 하는 정보가 무엇인지 생각해보면 지도나 웹툰에서 느꼈던 어려움을 해결할 수 있다.

일반적으로 지도 서비스에 기대하는 정보는 다음과 같다.

- 장소 A의 위치
- 장소 A에서 장소 B까지의 경로
- 장소 A에서 장소 B까지의 이동 방법
- 장소 A에서 장소 B까지의 이동 시간

지하철 3호선 경복궁역 6번 출구에서 세종문화회관까지 도보로 이동해야 하는 상황을 가정해보자. 지도 서비스에 접속해 출발지에 '경복궁역 6번 출구'를 입력하고, 도착지에 '세종문화회관'을 입력해 **길찾기 시작**을 클릭한다. **도보 길찾기**를 클릭하면 지도 위에 그림 156과 같이 경복궁역부터 세종문화회관까지의 이동 경로가 표시된다.

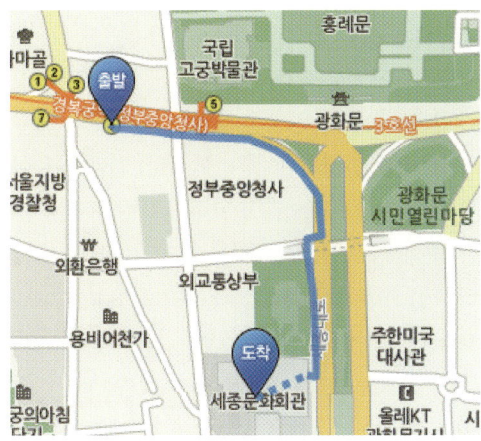

그림 156 네이버 지도의 경로 검색 결과 화면

방위와 기호, 영역의 구분선 등으로만 정보를 나타낸다면 시각 장애인은 지도에서 제공하는 정보를 인식할 수 없다. 그림 157은 같은 정보를 텍스트로 전달하는 예다. 정보의 형태를 다양하게 제공한다면 시각 장애인도 지도 서비스를 이용하는 데 문제가 없다.

그림 157 경로 검색 결과를 텍스트로 제공한 화면

웹툰은 그림 한 컷에도 공간과 시간, 등장 인물의 표정과 말 등을 복합적으로 담고 있기 때문에 정보 형태를 변경하는 것이 어렵다. 널리 사용하고 있지는 않지만 활자 정보를 디지털 형식으로 변환하기 위한 표준을 개발하는 TEI(Text Encoding Initiative)의 지침을 기반으로 인디애나 대학교에서는 만화 콘텐츠를 마크업 언어로 표현하는 CBML(Comic Book Markup Language)을 제시했다. 그림 158은 마블 코믹스 '캡틴 아메리카' 중 한 장면이다.

그림 158 잭 커비(Jack Kirby)가 그린 '캡틴 아메리카' 중 한 장면
(출처: http://www.digitalhumanities.org/dhq/vol/6/1/000117/000117.html)

그림 158을 CBML로 표현한 코드 예는 다음과 같다.

```
<cbml:panel ana="#action-to-action"
    characters="#cap #anon_man" n="5" xml:id="eg_000">
  <cbml:caption> Cap acts quickly to tranquilize the gun-happy
pedestrian... </cbml:caption>
    <cbml:balloon type="speech" who="#cap" xml:id="eg_007"> A little <emph
        rendition="#b">sleep</emph> will do wonders for you! </
cbml:balloon>
    <sound> SPLAT! </sound>
    <cbml:balloon type="speech" who="#anon_man"> Ugh! </cbml:balloon>
</cbml:panel>
```

〈cbml:panel〉은 만화 한 컷을 포함하는 프레임을, 〈cbml:caption〉은 장면 묘사를, 〈cbml:balloon〉은 등장 인물의 대화를 나타낸다. 〈sound〉 요소로 음향 효과도 표현할 수 있다.

그러나 CBML을 당장 사용하기에는 무리가 있다. 기술적으로는 이제 막 개발 시작 단계고 마크업 언어를 해석할 수 있는 환경이 충분히 마련되지 않았으며, 정책적으로는 저작권 문제 등이 해결해야 할 과제로 남아 있다. 지금 당장은 텍스트 정보만 추출해 대본 또는 원고 형태로 제공하는 방안을 검토하거나 회차 소개, 줄거리 등을 제공하는 것이 좋다.

접근성, 어디까지 보장해야 할까?
모바일 서비스도 예외는 아니다

장애인차별금지법에서 규정하는 정보 및 정보통신의 범위에는 모바일 서비스도 포함돼 있다.

정보

자연인 또는 법인이 특정 목적을 위해 광 또는 전자적 방식으로 처리하여 부호·문사·음성·음향 및 영상 등으로 표현된 모든 종류의 자료 또는 서식 - 국가정보화기본법 제3조 제1호

정보통신

정보의 수집·가공·저장·검색·송신·수신 및 그 활용과 이에 관련되는 기기·기술·서비스 기타 정보화를 촉진하기 위한 일련의 활동과 수단 - 국가정보화기본법 제3조 제5호

한국정보화진흥원에서 시행한 2011년 장애인 정보 격차 실태 조사에 따르면 장애인의 스마트폰 보유율은 8.6%다. 전체 국민에 비해 31% 낮은 수준이지만 2010년의 스마트폰 보유율이 1.6%였던 점을 고려하면 앞으로 크게 오를 전망이다. 따라서 모바일 서비스도 접근성을 보장해야 한다.

스마트폰에서는 일반적으로 접근성을 향상하는 기능이 제공되고 있다. 그림 159와 같이 아이폰은 **설정 > 손쉬운 사용** 메뉴에서, 갤럭시는 **환경설정 > 접근성** 메뉴에서 장애 환경에 맞는 접근성 기능을 선택하면 된다. 다른 기기에서도 비슷한 방식으로 접근성 기능을 이용할 수 있다.

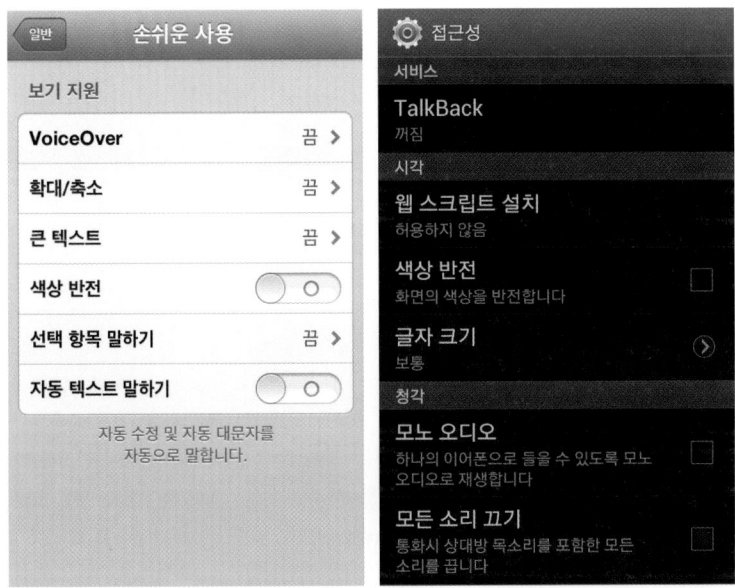

그림 159 아이폰(왼쪽)과 갤럭시(오른쪽)의 접근성 기능

스마트폰의 접근성 기능이 아무리 뛰어나더라도 애플리케이션 자체에 접근성이 보장돼 있지 않다면 쓸모가 없다. 2012년 9월 실로암 웹 접근성 지원 센터(http://www.silwel.or.kr/wa/index.php)에서 인기 모바일 애플리케이션 30개를 조사한 결과, 이미지에 대체 텍스트가 없거나 버튼을 인식할 수 없는 등 대부분 기본적인 접근성도 보장하지 않는 것으로 나타났다. 이러한 문제를 개선하려면 애플리케이션을 제작할 때 행정안전부에서 제정한 '모바일 애플리케이션 접근성 지침'을 참고한다. 이 지침은 꼭 지켜야 할 준수 사항 7개와 되도록 지키는 것이 좋은 권고 사항 8개로 구성돼 있다.

모바일 애플리케이션 접근성 준수 사항

1. (대체 텍스트) 텍스트 아닌 콘텐츠는 대체 가능한 텍스트와 함께 제공되어야 한다.
2. (초점) 모든 객체에는 초점(focus)이 적용되고, 초점은 순차적으로 이동되어야 한다.
3. (운영체제 접근성 기능 지원) 운영체제가 제공하는 접근성 기능 및 속성이 사용되어야 한다.
4. (누르기 동작 지원) 터치(touch) 기반 모바일 기기의 모든 컨트롤은 누르기 동작으로 제어할 수 있어야 한다.
5. (색에 무관한 인식) 화면에 표시되는 모든 정보는 색에 관계없이 인식할 수 있어야 한다.
6. (명도 대비) 화면에 표시되는 모든 정보는 전경색과 배경색이 구분될 수 있도록 최소 대비 이상으로 제공되어야 한다.
7. (자막, 수화 등의 제공) 멀티미디어 콘텐츠에는 동등한 내용의 자막, 원고 또는 수화가 제공되어야 한다.

모바일 애플리케이션 접근성 권고 사항

1. (기본 사용자 인터페이스 컴포넌트) 운영체제에서 제공하는 기본 사용자 인터페이스 컴포넌트(Native UI Component)를 최대한 이용하는 것이 바람직하다.
2. (컨트롤간 충분한 간격) 컨트롤은 충분한 간격으로 배치하는 것이 바람직하다.
3. (알림 기능) 사용자에게 알림을 제공할 때에는 진동, 시각, 소리 등 최대한 다양한 방법으로 사용자가 선택할 수 있도록 제공하는 것이 바람직하다.
4. (범용 폰트 이용) 폰트의 크기 조절, 확대 기능을 제공하거나 운영 체제에서 제공하는 관련 기능을 활용할 수 있는 방법을 제공하는 것이다.

5. (사용자 인터페이스의 일관성) 사용자 인터페이스 요소들의 배치를 일관성 있게 제공하는 것이 바람직하다.
6. (깜박거림의 사용 제한) 광과민성 발작을 일으킬 수 있는 콘텐츠를 제공하지 않는 것이 바람직하다.
7. (배경음 사용 금지) 자동으로 재생되는 배경음을 사용하지 않는 것이 바람직하다.
8. (장애인 등 사용자 평가) 애플리케이션 개발 시 다양한 모바일 기기에서의 이용 가능 여부를 점검해야 하며, 장애인 사용자 평가를 수행하는 것이 바람직하다.

'모바일 애플리케이션 접근성 지침' 전문은 행정안전부 홈페이지 (http://www.mopas.go.kr)에서 확인할 수 있다.

접근성, 어디까지 보장해야 할까?
웹 애플리케이션도 접근성을 제공할 수 있을까?

웹 애플리케이션이란 웹 브라우저에서 실행되는 특정한 작업을 실행하는 응용 프로그램을 의미한다. 웹 애플리케이션의 대표적인 예로는 웹 메일, 웹 오피스를 들 수 있다. 다양한 유형의 정보를 일방적으로 전달하는 웹 문서(Web Document)와는 달리 웹 애플리케이션(Web Application)은 사용자와의 즉각적인 인터랙션이 매우 중요하다. 그렇기 때문에 HTML로 이뤄진 웹 문서에 Ajax와 같은 기술을 더해 제작된다.

웹 접근성이라 하면 통상적으로 웹 콘텐츠의 접근성을 의미한다. 웹 애플리케이션을 제작할 때 웹 콘텐츠 접근성 지침을 준수하면 어느 정도는 접근성을 보장할 수 있겠지만 완벽할 수는 없다. 오히려 웹 콘텐츠 접근성 수준을 만족하려다가 애플리케이션에서 제공하는 기능 수만큼 대체 수단을 추가하거나 인터랙션이 부자연스러워질 수 있다.

웹 애플리케이션의 성능과 사용성을 해치지 않으면서 접근성을 보장할 수 있는 방법이 WAI-ARIA(Web Accessibility Initiative - Accessible Rich Internet Application)다. 웹 브라우저를 포함한 응용 프로그램이 스크린 리더와 같은 보조기기와 통신할 수 있게 운영체제에서는 접근성 API를 제공한다. 접근성 API는 그림 160처럼 응용 프로그램에서 UI 요소의 정보를 받아 보조기기에 전달하는 역할을 한다.

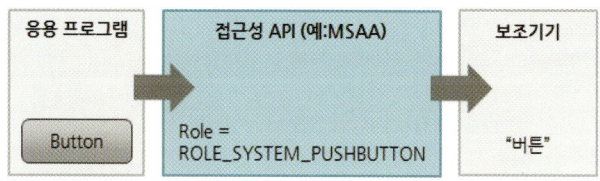

그림 160 접근성 API의 역할

WAI-ARIA는 웹 애플리케이션도 보조기기와 통신할 수 있게 접근성 API에 전달할 역할(Role), 상태(State), 속성(Property)을 정의한다. 그림 161의 메일 메뉴를 예로 들면 메뉴 영역 전체의 역할은 메뉴 모음(menubar)으로, 드롭다운 메뉴의 역할은 메뉴(menu)로, 개별 메뉴 항목의 역할은 메뉴 아이템(menuitem)으로 지정할 수 있다.

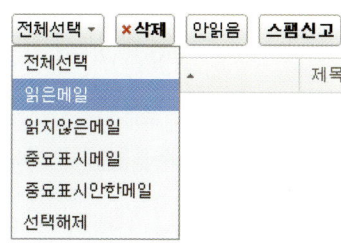

그림 161 네이버 메일의 메뉴

코드로 나타내면 다음과 같다. role 속성 외에도 aria-haspopup, aria-labelledby 속성을 지정해 **전체선택** 버튼과 버튼을 선택했을 때 나타나는 드롭다운 메뉴를 연결한다.

```
<div role="menubar">
  <div role="menuitem" aria-haspopup="true" id="mailSelect">전체선택
  </div>
  <div role="menu" aria-labelledby="mailSelect">
  <div role="menuitem">전체선택</ div >
  <div role="menuitem">읽은메일</ div >
  <div role="menuitem">읽지않은메일</ div >
  ...
  </ div >
  <div role="menuitem">삭제</div>
  ...
</div>
```

그뿐만 아니라 자바스크립트로 키보드를 조작할 수 있게 구현해야 한다. 다음은 그림 161의 메일 메뉴를 기준으로 WAI-ARIA의 Authoring Practice(http://www.w3.org/TR/wai-aria-practices/)에서 제시하는 키보드 조작 방식의 일부를 설명한 것이다.

- **Enter** 키나 스페이스 바 또는 위/아래 방향키로 드롭다운 메뉴를 펼칠 수 있어야 한다.
- 드롭다운 메뉴가 펼쳐졌을 때 첫 번째 항목인 **전체선택**으로 포커스를 이동해야 한다.
- 드롭다운 메뉴 안으로 포커스가 오면 위/아래 방향키로 **전체선택** 〉 **읽은메일** 〉 … 〉 **선택해제** 〉 **전체선택**과 같은 순서로 전체 메뉴를 순환하며 포커스를 이동해야 한다.
- **Esc** 키 또는 왼쪽 방향 키로 드롭다운 메뉴를 닫을 수 있어야 한다.
- 드롭다운 메뉴가 닫히면 상위 메뉴인 **전체선택**으로 포커스를 이동해야 한다.
- 왼쪽/오른쪽 방향 키로 **삭제**, **안읽음**, **스팸신고**와 같은 메뉴로 포커스를 이동해야 한다.

표준안이 아니었던 WAI-ARIA는 HTML 5에서 채택됐다. HTML 5는 기존 HTML 문서의 틀을 깨고 다양한 멀티미디어 콘텐츠와 애플리케이션까지 구현할 수 있는 마크업 언어로 주목받고 있다. 그리고 표 5에서 볼 수 있는 것처럼 웹 애플리케이션을 구현하는 데 접근성에 도움이 되는 요소(Elements)와 속성(Attributes)도 추가됐다.

표 5 접근성을 향상시키는 HTML 5 요소 속성 일부

HTML 5 특징	구분	설명
audio, video	요소	웹 브라우저 내장 오디오, 동영상 플레이어로 키보드 조작 및 캡션을 제공한다.
placeholder	속성	〈input〉 요소에 입력 힌트를 제공한다.
Input type=" "	속성 값	기존에는 텍스트, 암호 유형만 입력할 수 있었으나 검색어, 숫자, 날짜, 시간, 색상, 메일, URL, 전화번호, 범위 등 양식이 다양해졌다.

WAI-ARIA와 HTML 5가 웹 애플리케이션의 접근성을 향상시킨다는 것은 의심할 여지가 없다. 그러나 한 가지 명심해야 할 것은 두 규격 모두 웹 브라우저와 스크린 리더를 완벽하게 지원하지 않는다는 점이다. 특히 국내에서 가장 많이 사용되는 웹 브라우저인 인터넷 익스플로러는 버전에 따른 차이가 있긴 하지만 HTML 5의 지원율이 낮다. 해외 스크린 리더는 WAI-ARIA를 상당 부분 지원하지만 국내 스크린 리더는 거의 지원하지 못하는 실정이다.

웹 애플리케이션의 접근성을 보장한다는 것에는 기술적인 한계가 분명히 존재한다. WAI-ARIA의 매혹적인 속성을 사용해도 장애 환경에 놓인 사용자가 당장 체감할 수 없을지 모른다. 그러나 접근성이 보장된 웹 애플리케이션을 개발하고 싶다면 WAI-ARIA와 HTML 5를 충분히 숙지하고 웹 브라우저, 스크린 리더의 지원율을 꾸준히 살펴야 한다. 특히 앞서 소개했던 WAI-ARIA의 Authoring Practice에서 제시하는 키보드 조작 방법은 HTML의 tabindex 속성과 자바스크립트로 구현하기 때문에 웹 브라우저와 스크린 리더의 지원 여부와 상관없이 바로 적용할 수 있다.

접근성, 어디까지 보장해야 할까?
재미있는 게임, 다 같이 즐길 수 있을까?

미국 캘리포니아의 딜란(Dylan)이라는 소년이 시각 장애인 할머니를 위해 '꽥꽥이의 모험(Quacky's Quest)'이라는 게임을 만들었다(그림 162). 오리를 움직여 출구를 찾는 게임으로, 바른 길로 가면 보석을 먹는 소리, 막다른 길로 들어서면 경고음, 출구에 도착하면 문을 여는 소리를 넣어 화면을 볼 수 없는 딜란의 할머니도 게임을 할 수 있다.

그림 162 꽥꽥이의 모험

국내에서도 스타크래프트를 즐기는 시각 장애인 이민석 씨가 일찍이 화제가 됐었고, 2005년에 시작된 전국장애학생 e스포츠대회(http://click.knise.kr/)는 올해로 8회를 맞았다. 화면을 못 보니까, 마우스를 조작하지 못하니까 게임을 이용하지 않을 것이라는 생각은 편견이다. 딜란의 할머니와 이민석 씨가 화면을 보는 대신 '소리'로 게임을 즐긴 것처럼 장애인은 게임을 못 하는 것이 아니라 다른 방법으로 게임을 즐길 수 있다. 이렇듯 게임을 제작할 때 여러 감각을 활용할 수 있게 한다면 장애 환경에 놓인 사람들도 게임을 즐길 수 있을 뿐 아니라 게임 자체의 흥미나 긴장감도 높일 수 있다. 접근성이 보장된 게임을 제작하고 싶다면 Game Accessibility Guidelines(http://www.gameaccessibilityguidelines.com)나 The Able Gamers Foundation(http://www.ablegamers.com) 웹 사이트를 참고한다.

이미 제작된 게임의 접근성을 당장 개선하기란 쉽지 않다. 이럴 때는 어떤 게임인지 알 수 있는 소개 페이지와 사용자 평가와 같은 콘텐츠를 제공해 장애가 있는 사용자도 접근할 수 있게 해야 한다. 그리고 특정 장애 환경에서 게임을 즐길 수 없는 경우 게임 구매 전 또는 다운로드하기 전에 충분히 안내하는 것이 좋다.

접근성, 어디까지 보장해야 할까?
제휴 콘텐츠와 UGC는 접근성을 보장할 수 없다?

제휴 콘텐츠나 블로그 포스팅, 동영상과 같이 사용자가 직접 생산한 콘텐츠(User Generated Content, 이하 UGC)의 접근성은 서비스 제공자가 제어할 수 있는 범위 밖에 있다. 그렇다고 해서 아무런 조치를 취하지 않는 것은 바람직하지 않다. 서비스 제공자는 제휴 콘텐츠 및 UGC의 접근성을 보장하기 위해 두 가지를 고려해야 한다. 첫 번째는 접근성을 보장할 수 있는 플랫폼을 마련하는 것이다. 이미지를 업로드할 때는 대체 텍스트를 함께 넣는 텍스트 입력란을 제공한다. 동영상에도 자막이나 원고를 넣을 수 있게 해야 한다. 그림 163은 유튜브(http://youtube.com)의 동영상 관리 페이지에서 캡션 메뉴를 선택했을 때 나타나는 화면이다. 캡션이나 스크립트를 업로드하거나 타이밍에 맞는 자막을 직접 입력할 수 있다.

그림 163 유튜브의 캡션 등록 기능

두 번째는 접근성이 보장된 콘텐츠를 제공하게 안내하는 것이다. 접근성이 무엇인지 잘 모르는 사용자를 위해 이미지에 대체 텍스트가 왜 필요한지, 동영상에 자막이 왜 필요한지 알 수 있게 한다. 앞서 예를 들었던 유튜브에는 이러한 내용이 도움말에 포함돼 있으며 아래는 그 중 한 부분이다. 자막을 업로드함으로써 얻을 수 있는 장점과 함께 자막의 필요성을 자연스럽게 전달했다.

유튜브 도움말 - 캡션과 자막이란 무엇인가?

- 캡션과 자막은 동영상을 텍스트 형식으로 기록한 것입니다. 동영상의 오디오 트랙에 있는 음악, 전화 신호음 등의 여러 소리를 설명하여 이해를 돕는 정보를 전달하기도 합니다.

- 캡션 및 자막을 사용하면 잘 듣지 못하거나 언어가 달라 오디오 트랙만으로는 동영상을 이해하기 어려운 사람들이 동영상을 즐길 수 있게 되어 전파 범위가 넓어집니다. 캡션은 동영상의 오디오 트랙과 같은 언어로 되어 있습니다. 자막은 다른 언어로 되어 있습니다.

- 업로드하는 동영상에 캡션/자막을 추가할 수 있습니다. 선택 사항이기는 하지만 가능한 한 많은 사람들이 동영상을 볼 수 있도록 할 것을 권장합니다.

제휴 콘텐츠는 계약 조건에 접근성 항목을 포함시킨다. 제휴 업체가 접근성을 보장하지 않을 경우 사용자의 개선 요구에 대응할 의무가 있으며, 장애인차별금지법에 의거한 법적 책임을 부담할 수 있다는 내용이 명시돼 있어야 한다.

이게 맞을까, 저게 맞을까?
섬네일의 대체 텍스트는 어떻게 제공하는 것이 좋을까?

43

섬네일(Thumbnail)이란 큰 이미지를 작게 줄여 보여 준다는 의미로, 본문 콘텐츠에 포함됐거나 연관된 이미지를 제공하는 것이 일반적이다. 그림 164와 같이 섬네일이 본문 콘텐츠의 제목과 함께 제공될 경우 섬네일의 대체 텍스트를 본문 제목과 같은 제목으로 할지, 섬네일에서 표현하고 있는 정보를 그대로 전달하는 것이 좋을지 고민이다.

그림 164 섬네일이 제공된 콘텐츠

다음은 섬네일의 대체 텍스트를 콘텐츠의 제목과 같은 제목으로 제공한 경우 스크린 리더의 음성 출력 결과다(내용과 관계없는 코드는 생략함).

```
<a href="pageid=186811"><img src="hongseol.gif" alt="2부 완결! 치
즈인더트랩!" /></a> // 섬네일 이미지

<a href="id=186811"><strong>2부 완결! 치즈인더트랩!</strong>
<span>평범한 여대생 홍설과 두 남자<br/>미묘한 이들의 이야기 정주
행!<br/>몰입할 준비 되셨나요?</span></a> // 제목 & 설명글
```

스크린 리더 음성 출력 결과

- 이부 완결 치즈인더트랩 그래픽 링크
- 이부 완결 치즈인더트랩 평범한 여대생 홍설과 두 남자 미묘한 이들의 이야기 정주행 몰입할 준비 되셨나요 링크

'2부 완결 치즈인더트랩'이라는 내용이 중복돼 시각 장애 환경에서는 두 링크의 차이가 무엇인지, 어떤 링크를 클릭해야 원하는 콘텐츠로 이동할 수 있는지 혼란스럽다.

다음은 콘텐츠가 중복되지 않게 섬네일에서 표현하는 정보 그대로 대체 텍스트를 제공한 예다.

```
<a href="pageid=186811"><img src="hongseol.gif" alt="주인공 홍설"
/></a> // 섬네일 이미지

<a href="id=186811"><strong>2부 완결! 치즈인더트랩!</strong>
<span>평범한 여대생 홍설과 두 남자<br/>미묘한 이들의 이야기 정주
행!<br/>몰입할 준비 되셨나요?</span></a> // 제목 & 설명글
```

스크린 리더 음성 출력 결과

- 주인공 홍설 그래픽 링크
- 이부 완결 치즈인더트랩 평범한 여대생 홍설과 두 남자 미묘한 이들의 이야기 정주행 몰입할 준비 되셨나요 링크

이 경우에도 '주인공 홍설 그래픽 링크'를 클릭했을 때 주인공 홍설을 설명하는 페이지로 이동하는 것인지, 치즈인더트랩 페이지로 이동하는 것인지 혼란스럽다.

다음은 섬네일의 대체 텍스트를 빈 값으로 설정한 예다.

```
<a href="pageid=186811"><img src="hongseol.gif" alt="" /></a> //
섬네일 이미지

<a href="id=186811"><strong>2부 완결! 치즈인더트랩!</strong>
<span>평범한 여대생 홍설과 두 남자<br/>미묘한 이들의 이야기 정주
행!<br/>몰입할 준비 되셨나요?</span></a> // 제목 & 설명글
```

스크린 리더 음성 출력 결과

- 홍설 지아이에프 그래픽 링크
- 이부 완결 치즈인더트랩 평범한 여대생 홍설과 두 남자 미묘한 이들의 이야기 정주행 몰입할 준비 되셨나요 링크

이미지만 있고 대체 텍스트가 빈 값일 때는 아무것도 음성으로 출력하지 않지만 이미지에 링크가 걸려 있어서 파일 이름이 음성으로 출력됐다. 그런데 파일 이름은 이미지의 뜻을 전달하지 않는 경우가 대부분이어서 링크의 목적지를 더 알 수 없게 됐다.

섬네일 링크와 제목 링크의 목적지가 같으므로 두 콘텐츠를 하나의 링크로 묶은 뒤 섬네일의 대체 텍스트는 빈 값으로 설정하면 지금까지 발생했던 문제를 해결할 수 있다. 중복된 콘텐츠도 없으며 목적지를 알 수 없는 링크도 없다.

```
<a href="id=186811">
  <img src="top.png" alt="" /> // 섬네일 이미지
<strong>2부 완결! 치즈인더트랩!</strong><span>평범한 여대생 홍설
과 두 남자<br/>미묘한 이들의 이야기 정주행!<br/>몰입할 준비 되셨나
요?</span>
// 제목 & 설명글
</a>
```

스크린 리더 음성 출력 결과

이부 완결 치즈인더트랩 평범한 여대생 홍설과 두 남자 미묘한 이들의 이야기 정주행 몰입할 준비 되셨나요 링크

그림 164의 섬네일은 제목과 다른 정보를 나타낸다기보다 시각을 자극해 콘텐츠의 흥미를 유발하기 위한 목적으로 제공됐다. 그림 165의 바구니 이미지는 상품 이름 대신 섬네일이 제공되는 예다.

그림 165 두 개의 섬네일이 제공된 콘텐츠

이 경우에는 반드시 대체 텍스트를 상품 이름으로 제공해야 한다. 반면 키티(고양이 캐릭터) 이미지는 매장 이름의 보조 수단이므로 대체 텍스트를 빈 값으로 하고 매장 이름과 링크를 하나로 묶는다.

이처럼 섬네일의 대체 텍스트에는 정답이 정해져 있지 않다. 목적에 맞는 적절한 텍스트를 제공해야 한다.

이게 맞을까, 저게 맞을까?
시각 장애 환경에서도 그래프를 쉽게 인식할 수 있을까?

그래프는 보통 시각적으로 인지할 때 2~3개의 축을 이용해 읽는다. 그러나 시각 장애 환경에서는 하나의 축으로 정보를 습득해야 하기 때문에 같은 시간 동안에 습득할 수 있는 정보의 분량에 차이가 있다.

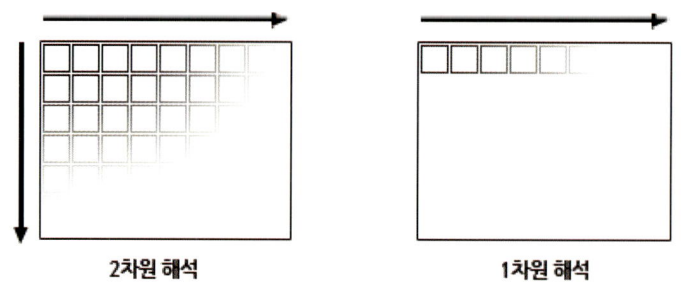

그림 166 그래프를 시각적으로 인지했을 때(왼쪽)와 시각 장애 환경에서 인지했을 때(오른쪽) 비교

다만, 습득하는 정보의 총량에 차이가 없는 수준에서 적절한 대체 수단을 함께 제공하면 시각 장애 환경에서도 그래프를 인식할 수 있다.

예를 들어 HTML 요소 중 ⟨table⟩ 요소도 2개의 축을 사용하는 일종의 2차원 그래프에 속하지만, 스크린 리더를 활용하면 하나의 축으로 정보를 습득할 수 있어 속도는 느리지만 내용을 인지하는 데 문제 없다.

그래프와 같은 다차원 시각 자료를 장애 환경에 맞게 제공하려면 차원 변환이 필요하다. 차원 변환 과정에서는 정보 관계의 연속성을 유의해서 수정해야 한다. 먼저 자료를 핵심 정보(데이터)와 부가 정보(범례)로 나눈다.

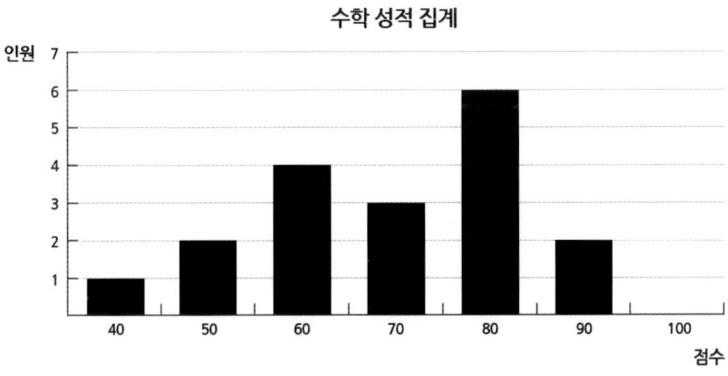

그림 167 X-Y 축의 2차원 그래프

위 그래프에서는 '인원'과 '점수' 범례가 부가 정보에 해당한다. 이것으로 ⟨table⟩ 요소를 구성하면 ⟨thead⟩ 요소의 컬럼 제목이나 scope 속성으로 그래프의 범례를 표현할 수 있다. X, Y 두 개의 축(범례)으로 된 그래프이므로 X축 점수 분류는 ⟨thead⟩ 요소로, 나머지 Y축 인원 분류는 가장 왼쪽 열의 ⟨th⟩ 요소로 구성할 수 있다. 마지막으로 ⟨td⟩ 영역에 핵심 정보(숫자)를 입력한다.

점수	40	50	60	70	80	90	100
인원 수	1	2	4	3	6	2	0

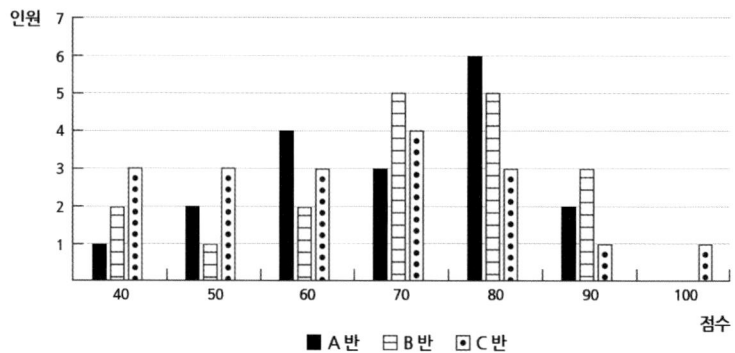

그림 168 정보량이 많은 그래프

그래프가 복잡해도 상황은 크게 다르지 않다. 위 그래프는 같은 형태의 그래프 3개가 겹쳐 있는 것으로, ⟨table⟩ 요소의 개수가 3개로 늘어났다고 볼 수 있다. 그러나 3개의 독립적인 ⟨table⟩ 요소에서 담아내지 못하는 정보가 있는데 바로 '3개의 그래프를 비교하는 그래프다'라는 내용이다. 이와 같은 정보를 3개의 ⟨table⟩ 요소 서두에 언급해 주는 것만으로도 시각장애 환경에서 이러한 관계 정보를 습득하는 데 큰 도움이 된다.

그래프나 도표도 성격에 따라 다양한 방법으로 대체 수단을 제공할 수 있다. 한 가지 예를 더 살펴보겠다. 그림 169는 6학년 학생들의 스포츠 선호도를 나타낸다. 앞서 살펴본 막대그래프는 데이터를 ⟨table⟩요소의 대체 수단으로 표현하였다. 그러나 데이터 테이블 외에도 간단한 도표 정보에 대해 여러 방법의 대체 수단을 제공할 수 있다. 그림 169의 원 그래프는 단순히 데이터를 나열한 것으로 보이지만 사실은 보이지 않는 순서 정보가 담겨 있다. 이를 리스트 형식의 코드로 나타낼 수도 있는데 ⟨ol⟩ 요소를 활용하면 순서 정보를 포함한 리스트로 구성할 수 있다.

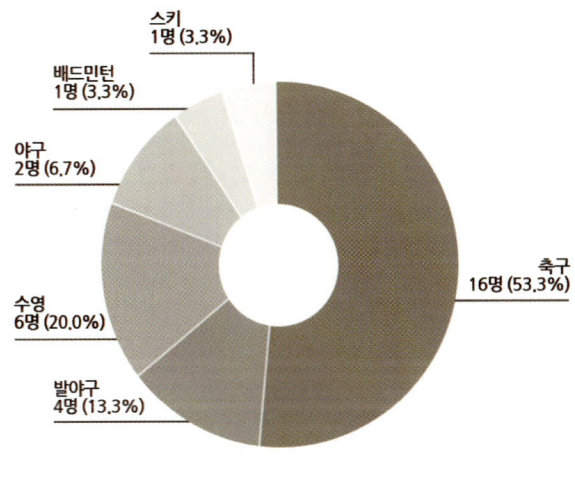

그림 169 원 그래프

```
<h3>6학년 스포츠 선호도</h3>
<p>초등학생 6학년 인기 스포츠 순위</p>
<ol>
<li>축구 16명(53.3%)</li>
<li>수영 6명(20.0%)</li>
<li>발야구 4명(13.3%)</li>
<li>야구 2명(6.7%)</li>
<li>스키 1명(3.3%)</li>
<li>배드민턴 1명(3.3%)</li>
</ol>
```

이처럼 그래프나 도표 정보를 시각 장애 환경에서 확인할 수 있는 방법은 정해져 있지 않다. 핵심 정보를 얼마나 효과적으로 전달할 수 있는지 깊이 있게 고민한다면 정보를 표현하는 나만의 노하우를 만들 수 있을 것이다.

이게 맞을까, 저게 맞을까?
실시간으로 갱신되는 콘텐츠를 장애 환경에서도 정확하게 제공하려면?

장애 환경은 여러 가지 상황을 종합해 고려해야 한다. 시각 장애, 키보드나 마우스를 자유롭게 조작하지 못하는 장애, 그래픽 자료를 불러오지 못하는 경우 등 많은 상황들이 장애 환경에 포함된다.

보통 장애 환경에 처하면 콘텐츠를 읽는 속도가 현저히 느려진다. 이런 경우에는 사용자가 느린 속도로도 콘텐츠를 읽을 수 있게 하면 많은 어려움이 해소된다.

아래와 같은 방법으로 문제를 해결한다.

- 콘텐츠의 변화를 제어하는 별도의 컨트롤러를 제공한다.

그림 170 컨트롤러가 제공된 실시간 콘텐츠 갤러리

- 실시간 콘텐츠에 포커스가 머무를 때 자동 갱신을 잠시 정지한다.

그림 171 포커스 여부를 감지하는 실시간 급상승 검색어

- 주가 정보와 같이 시간대별 정보가 중요한 콘텐츠는 해당 콘텐츠의 마지막 갱신 시간을 알려준다.

그림 172 기준 시간이 제공된 실시간 환전 고시 환율표

주의해야 할 점은 실시간 갱신 콘텐츠를 일시적으로 멈추거나 제어하는 수단으로 마우스뿐 아니라 키보드도 제공해야 한다는 것이다.

이게 맞을까, 저게 맞을까?
명도 대비와 정보 성격에 맞는 색상, 두 마리 토끼를 잡을 수는 없는 걸까?

KWCAG2.0(Korean Web Content Accessibility Guidelines 2.0) 지침에서는 '색에 무관한 콘텐츠 인식'을 요구하는데, 그 기준은 전경대비 배경의 명도를 최소 4.5:1 이상으로 하고 있다. 흰 바탕에 색상 코드 #767676의 약간 짙은 회색 글씨가 보이는 정도가 최소 기준에 해당한다.

명도대비 4.5:1 = #767676:#FFFFFF

그림 173 명도 대비 4.5:1을 만족하는 전경색과 배경색

UI 디자이너에게는 창작의 고통도 이겨내기 어려운데, 색상까지 제한하라니 청천벽력같은 이야기다. 기준 수치가 어찌됐든 가장 중요한 것은 '어떤 방식으로든 정보 전달을 저해하지 말자'는 이야기다. 가령 텍스트 정보의 경우 앞서 언급한 기준만을 따르면 콘텐츠의 강약 구분이 모호해지거나 화면에 심미성을 나타내는 데 어려움이 있다. 다행히 텍스트 정보는 운영체제에서 기본적으로 지원하는 고대비 기능이나 스크린 리더를 보조적으로 활용하는 경우, 마우스로 해당 텍스트를 드래그해서 일시적으로 대비를 높이는 방법 등 여러 가지 대체 수단으로 보완할 수 있다.

하지만 이미지로 제작된 콘텐츠라면 이야기가 달라진다. 정보를 디자인하는 것은 일반 시각 디자인과 다르다는 전제가 먼저 필요하다. 웹 페이지와 같이 불특정 다수가 이용하는 정보를 다룰 때는 시각적인 보편성을 염두에 두지 않으면 안 된다.

특히 색상의 보편적인 인식이 보장되지 않거나 적절한 대체수단이 없는 경우 낭패를 볼 수 있다. 그림 174의 적록색맹(Red-green blindness)의 시각에서 신호등을 보는 상황이 그렇다.

그림 174 적록색맹자가 보는 신호등 불빛의 색깔(오른쪽)

이를 보완하려면 정보를 디자인할 때 눈에 띄는 패턴을 활용하거나, 뚜렷하게 구분되는 모양의 도형을 사용한다. '모양'과 '패턴' 위주의 디자인 연구가 필요하다.

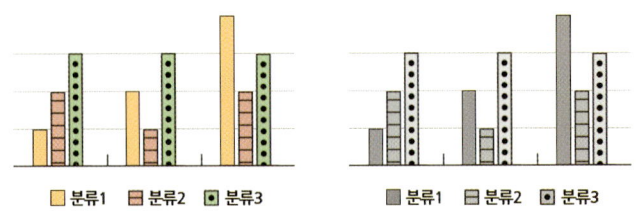

그림 175 색상이 배제되더라도 정보를 인식할 수 있는 모양과 패턴을 활용한 시각 정보

이게 맞을까, 저게 맞을까?
플래시도 스크린 리더나 키보드 접근이 가능할까?

HTML로 제작된 웹 문서와 마찬가지로 플래시 역시 접근성을 보장할 수 있다. 그래픽 요소에는 대체 텍스트를 제공할 수 있고, 동영상 플레이어에 캡션도 추가할 수 있다. 하지만 접근성이 보장된 플래시를 찾기는 어렵다.

첫 번째 이유는 플래시 접근성에 대한 인식이 부족하기 때문이다. 이 책을 통해 접근성의 필요성을 충분히 느꼈다면 어도비 웹 사이트(http://www.adobe.com)와 웹 접근성 연구소(http://www.wah.or.kr/)에서 접근성이 보장된 플래시 제작 방법을 살펴볼 수 있다.

두 번째는 창 모드(wmode)의 제약 때문이다. 플래시의 창 모드에는 웹 문서 내에서 플래시의 배치를 결정하는 속성으로 세 개의 옵션이 있다.

- window: 모든 HTML 객체보다 상위에 표현된다. 투명한 배경을 표현할 수는 없지만 성능이 가장 뛰어나다.
- opaque: HTML 객체 위에 표현될 수도 아래에 표현될 수도 있다. 투명한 배경을 표현할 수는 없다.
- transparent: HTML 객체 위에 표현될 수도 아래에 표현될 수도 있다. 투명한 배경을 표현할 수 있다.

창 모드 설정에 따라 스크린 리더와 키보드의 접근 가능 여부가 달라진다. 표 6은 스크린 리더에서의 플래시 접근 가능 여부를, 표 7은 키보드를 사용할 때의 플래시 접근 여부를 나타낸다.

표 6 플래시 창 모드에 따른 스크린 리더 접근 가능 여부

	window	opaque	transparent
인터넷 익스플로러	접근 가능	접근 불가	접근 불가
파이어폭스, 크롬	접근 불가	접근 불가	접근 불가

표 7 플래시 창 모드에 따른 키보드 접근 가능 여부

	window	opaque	transparent
인터넷 익스플로러	접근 가능	마우스로 플래시 클릭 후 키보드로 접근 가능	
파이어폭스, 크롬	마우스로 플래시 클릭 후 키보드로 접근 가능		

표 6, 표 7에 따르면 플래시의 접근성을 보장하기 위해 창 모드가 window로 지정돼야 하며 인터넷 익스플로러 사용자만이 접근성 혜택을 누릴 수 있다. 또한 window 값은 플래시를 모든 HTML 객체보다 상위에 표현하기 때문에 그림 176에서처럼 특정 콘텐츠를 덮어버리는 문제도 있다.

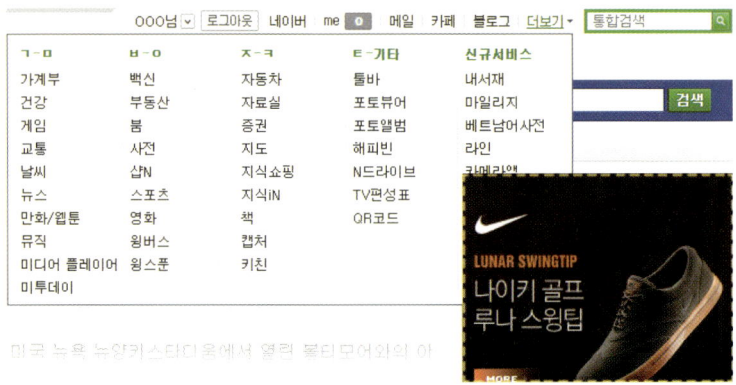

그림 176 플래시가 콘텐츠를 덮어 콘텐츠가 보이지 않는 경우

따라서 웹 콘텐츠의 접근성을 보장하면서 플래시를 사용해야 한다면 다음 사항에 유념한다.

- 플래시가 정보 전달 목적이 아닌 시각적인 효과를 위한 것이라면 창 모드를 opaque나 transparent로 지정해도 무방하다.
- 플래시가 정보를 담고 있다면 창 모드를 window로 지정한다. 이 경우에는 플래시와 배치가 겹치는 콘텐츠가 없어야 한다.
- 플래시가 정보를 담고 있으며 창 모드를 window로 지정할 수 없다면 플래시와 동등한 수준의 대체 콘텐츠를 제공해야 한다.

웹접근성 프로젝트 시작하기
Let's Start: Web Accessibility Project

시각 장애인은 어떻게 웹을 탐색할까?
시각 장애인이 인식하는 웹 콘텐츠는 과연 어떤 형태일까?

화면으로 웹 콘텐츠에 접근할 때는 어떤 것이 링크고, 어떤 것이 텍스트 입력란인지 모양을 통해 알 수 있다. 그림 177은 네이버에서 '웹 접근성'을 검색하면 나타나는 화면의 일부다. ❶은 상자 모양을 하고 있으며 마우스로 클릭하면 무엇인가를 입력해야 할 것처럼 커서가 깜박거리기 때문에 ❶이 텍스트 입력란이라는 것을 알 수 있다. 지금은 '웹 접근성'이라는 단어가 입력된 상태다. ❷는 버튼 모양을 하고 있다. 마우스 포인터를 두면 커서 모양이 손가락으로 바뀌어 누를 수 있다는 것을 쉽게 알 수 있다. ❸은 굵은 글씨로 표현됐으며 오른쪽에 나열된 텍스트들을 대표하는 제목이다. ❹는 텍스트에 밑줄이 있고 버튼과 마찬가지로 마우스 포인터를 두면 커서 모양이 손가락으로 바뀌어 클릭하면 페이지를 이동하는 링크라는 것을 알 수 있다.

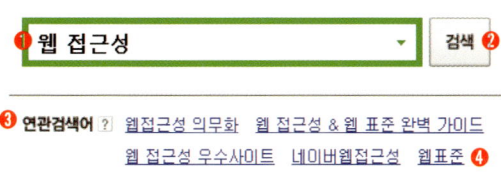

그림 177 모양으로 콘텐츠의 의미를 파악할 수 있는 경우

시각 장애인이 보조기기로 인식하는 콘텐츠에는 모양이 없다. 그림 177에서 모양과 배치를 배제하고 텍스트 정보만 나열하면 그림 178과 같다. 어디가 텍스트 입력란이고 무엇이 버튼인지 알 수 없다. 그러나 다행히도 웹 문서를 구성하는 HTML 요소가 단서를 제공하며 보조기기로 텍스트 정보와 HTML 요소가 갖는 정보를 결합해 시각 장애인에게 전달된다.

**웹 접근성 검색 연관검색어 웹접근성 의무화
웹 접근성 & 웹 표준 완벽 가이드 웹 접근성 우수사이트
네이버웹접근성 웹표준**

그림 178 모양이 없는 콘텐츠

콘텐츠 유형에 따라 각 정보가 시각 장애인에게 어떤 형태로 전달되는지 자세히 살펴보기로 한다. 보조기기의 음성 출력 결과는 국내 사용률이 가장 높은 스크린 리더인 '센스리더 3.0.5.1'을 기준으로 했다.

이미지

이미지에 대체 텍스트를 제공하는 alt 속성이 있으면 스크린 리더는 'alt 속성 값 + 이미지'를 음성으로 출력한다.

그림 179 날씨 이미지

```html
<img src="w_t01.gif" width="110" height="80" alt="구름 많고 비" />
```

보조기기 음성 출력 결과

구름 많고 비 이미지

대체 텍스트를 제공하는 alt 속성이 빈 값이면 스크린 리더는 아무것도 출력하지 않으며, 대체 텍스트를 제공하는 alt 속성을 선언하지 않으면 스크린 리더는 '이미지 파일 이름 + 이미지'를 음성으로 출력한다.

```html
<img src="w_t01.gif" width="110" height="80" alt="" />
<img src="w_t01.gif" width="110" height="80" />
```

보조기기 음성 출력 결과

- (음성 출력하지 않음)

더블유 티영일 지아이에프 이미지

버튼

기본 버튼은 '텍스트 정보 + 버튼'을 음성으로 출력한다.

그림 180 기본 버튼

```html
<button type="button">삭제</button>
```

보조기기 음성 출력 결과

삭제 버튼

모양은 기본 버튼과 같지만 입력 서식을 전송하는 버튼은 'value 속성 값 + 버튼'을 음성으로 출력하며, 이미지 전송 버튼은 'alt 속성 값 + 이미지 버튼'을 음성으로 출력한다.

그림 181 전송 버튼

```
<input type="submit" value="전송" />
<input type="image" src="btn_send.png" alt="전송" />
```

보조기기 음성 출력 결과

- 전송 버튼
- 전송 이미지 버튼

링크

텍스트에 링크가 있을 때는 '텍스트 정보 + 링크'를 음성으로 출력한다. 방문한 링크는 웹 브라우저에서 기본적으로 다른 색으로 표시되는 경우가 있는데, 스크린 리더에서는 '텍스트 정보 + 방문한 링크'를 음성으로 출력해 이전에 방문한 이력이 있음을 알린다. target 속성이 "_blank"로 지정된 새 창 링크는 '텍스트 정보 + 새 창 링크'를 음성으로 출력한다.

네이버

그림 182 텍스트 링크

```
<a href="http://naver.com">네이버</a>
<a href="http://naver.com" target="_blank">네이버</a>
```

보조기기 음성 출력 결과
• 네이버 링크
• 네이버 새 창 링크

이미지에 링크가 있으면 스크린 리더는 '이미지의 alt 속성 값 + 그래픽 링크'를 음성으로 출력한다. 이미지에 alt 속성 값이 없으면 '링크 경로 + 그래픽 링크'를, 링크 안에 이미지와 텍스트가 모두 있으면 이미지의 alt 속성 값은 무시하고 '텍스트 정보 + 그래픽 링크'를 음성으로 출력한다.

```
<a href="http://naver.com"><img src="naver.png" width="100" height="75" alt="네이버" /></a>
<a href="http://naver.com"><img src="naver.png" width="100" height="75" /></a>
<a href="http://naver.com"><img src="naver.png" width="100" height="75" alt="네이버" />영화</a>
```

보조기기 음성 출력 결과
• 네이버 그래픽 링크
• 에이치티티피 네이버 컴 그래픽 링크
• 영화 그래픽 링크

제목

제목은 '텍스트 정보 + 헤딩 + 제목의 단계 값'을 음성으로 출력한다. 제목은 1단계부터 6단계까지 있다.

```
<h1>네이버</h1>
<h2>영화</h2>
```

보조기기 음성 출력 결과
• 네이버 헤딩 일
• 영화 헤딩 이

제목이 텍스트 정보 대신 이미지일 경우 '헤딩 + 단계 값'을 먼저 음성으로 출력한 후 '이미지의 alt 속성 값 + 이미지'를 나중에 출력한다.

```
<h3><img src="h_landcomm.png" width="100" height="20" alt="부동산 커뮤니티" /></h3>
<h4><img src="h_landcomm2.png" width="100" height="17" alt="지금, 우리동네는" /></h4>
```

보조기기 음성 출력 결과
• 헤딩 삼
• 부동산 커뮤니티 이미지
• 헤딩 사
• 지금 우리 동네는 이미지

목록

목록은 크게 순차 목록(Ordered List)과, 비순차 목록(Unordered List), 정의 목록(Definition List)으로 나뉘지만 스크린 리더가 음성으로 출력하는 방식은 모두 같다. 목록에 접근하면 '목록 시작 + 목록 하나에 포함된 개별 항목 수 + 웹 문서에 포함된 전체 목록 중 현재 읽고 있는 목록의 위치 + 웹 문서에 포함된 전체 목록 수'를 음성으로 출력한다. 그림 183은 네이버 마일리지의 공지사항 목록으로, 항목 수는 네 개다. 공지사항을 포함해 웹 문서에 있는 목록이 2개고, 공지사항 목록이 처음 등장했다면 '목록 시작 4 (1/2)'라고 읽는다. 이후에는 모든 항목을 차례로 음성으로 출력한 뒤 목록 마지막 부분에는 '목록 끝'이라고 음성으로 출력한다.

- 반디앤루니스 신규 가맹 안내
- 네이버 마일리지 이용약관 개정공지
- 네이버 캐쉬 적용에 따른 서비스 변경 공지
- CJ mall 신규 가맹 안내

그림 183 공지사항 목록

```
<ul>
<li><a href="…">반디앤루니스 신규 가맹 안내</a></li>
<li><a href="…">네이버 마일리지 이용약관 개정공지</a></li>
<li><a href="…">네이버 캐쉬 적용에 따른 서비스 변경 공지</a></li>
<li><a href="…">CJ mall 신규 가맹 안내</a></li>
</ul>
```

보조기기 음성 출력 결과

- 목록 시작 개수 사 일 이
- 반디앤루니스 신규 가맹 안내 링크
- 네이버 마일리지 이용약관 개정공지 링크
- 네이버 캐쉬 적용에 따른 서비스 변경 공지 링크
- CJ mall 신규 가맹 안내 링크
- 목록 끝

프레임

목록과 마찬가지로 시작 부분에는 '프레임 시작 + 웹 문서에 포함된 전체 프레임 중 현재 읽고 있는 프레임의 위치 + 웹 문서에 포함된 전체 프레임 수'를 출력한다. 프레임에 title 속성으로 제목을 나타냈다면 'title 속성 값 + 프레임 시작'을 음성으로 출력하며, 제목이 없을 때는 단순히 '프레임 시작'이라고만 음성으로 출력한다. 이후에는 프레임에 포함된 모든 콘텐츠를 탐색할 수 있으며 마지막에는 '프레임 끝'이라고 알린다.

```
<iframe src="http://naver.com" width="500" height="500" title="네
이버" ></iframe>
<iframe src="http://naver.com" width="500" height="500"></iframe>
```

보조기기 음성 출력 결과

- 네이버 프레임 시작 일 이
- (프레임 콘텐츠 음성 출력)
- 프레임 끝
- 프레임 시작 이 이
- (프레임 콘텐츠 음성 출력)
- 프레임 끝

표

표의 시작 부분에는 '테이블 시작 + 표의 행 수 + 표의 열 수 + 웹 문서에 포함된 전체 표 중 현재 읽고 있는 표의 위치 + 웹 문서에 포함된 전체 표 수'를 출력한다. 그 다음에는 summary 속성 값을 '테이블 설명'으로, <caption> 요소의 텍스트 정보를 '테이블 제목'이라고 음성으로 출력한다.

```
<table summary="이 표는 총 3열로 구성되었으며 1열은 선택한 부동산
매물의 면적을, 2열은 면별 매매가를, 3열은 면적별 전세가를 나타낸
다.">
<caption>면적별 시세</caption>
...
</table>
```

보조기기 음성 출력 결과

- 테이블 시작 삼행 삼열 일 사
- 테이블 설명 이 테이블은 총 3열로 구성되었으며 1열은 선택한 부동산 매물의 면적을, 2열은 면적별 매매가를, 3열은 면적별 전세가를 나타낸다.
- 테이블 제목 면적별 시세
- (테이블 콘텐츠 음성 출력)
- 테이블 끝

표에 summary 속성이나 〈caption〉을 선언하지 않으면 '테이블 설명'과 '테이블 제목'은 음성으로 출력하지 않는다.

보조기기 음성 출력 결과

- 테이블 시작 삼행 삼열 일 사
- (테이블 콘텐츠 음성 출력)
- 테이블 끝

사용자가 그림 184의 ❶번에서 ❹번순으로 셀을 탐색한다고 가정할 때 제목 셀(〈th〉)과 내용 셀(〈td〉)을 구분하고 제목 셀마다 연관된 내용 셀의 방향을 scope 속성으로 지정했다면 셀을 이동할 때마다 변경된 제목 셀의 내용을 함께 음성으로 출력한다.

그림 184 면적별 시세 표의 셀 탐색 예

```
<thead>
<tr>
<th scope="col">면적(㎡)</th>
<th scope="col">매매가(만원)</th>
<th scope="col">전세가(만원)</th>
</tr>
</thead>
<tbody>
<tr>
<th scope="row">159B</th>
<td>74,500</td>
<td>33,500</td>
</tr>
<tr>
<th scope="row">195</th>
<td>87,500</td>
<td>38,000</td>
</tr>
</tbody>
```

보조기기 음성 출력 결과

면적

❶ 백오십구비(제목 셀이 변경되지 않았으므로 내용 셀만 출력)

❷ 매매가 만원 칠만사천오백(변경된 제목 셀을 함께 출력)

❸ 전세가 만원 삼만삼천 오백(변경된 제목 셀을 함께 출력)

❹ 백구십오 삼만팔천(변경된 제목 셀을 함께 출력)

제목 셀과 내용 셀의 구분이 없다면 셀을 이동할 때마다 제목 셀의 내용은 음성으로 출력하지 않아 표의 내용을 이해하기 어렵다.

```
<thead>
<tr>
<td>면적(㎡)</td>
<td>매매가(만원)</td>
<td>전세가(만원)</td>
</tr>
</thead>
<tbody>
<tr>
<td>159B</td>
<td>74,500</td>
<td>33,500</td>
</tr>
<tr>
<td>195</td>
<td>87,500</td>
<td>38,000</td>
</tr>
</tbody>
```

보조기기 음성 출력 결과

면적

❶ 백오십구비

❷ 칠만사천오백

❸ 삼만삼천오백

❹ 삼만팔천

입력 서식

텍스트 입력란은 '편집 창'이라고 음성으로 출력한다. readonly 속성을 선언한 읽기 전용 입력 서식은 앞에 '읽기 전용'을 함께 음성으로 출력하며 레이블이 연결된 입력 서식은 '레이블 텍스트'를 먼저 출력한다.

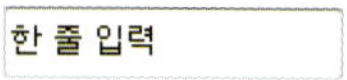

한 줄 입력

그림 185 텍스트 입력란

```
<input type="text" />
<input type="text" readonly="readonly" />
<label for="id">아이디</label> <input type="text" id="id" />
```

보조기기 음성 출력 결과

- 편집 창
- 읽기 전용 편집 창
- 아이디 편집 창

암호 입력란은 '암호 편집 창'이라고 음성으로 출력한다.

그림 186 암호 편집 창

```
<input type="password" />
<label for="pw">비밀번호</label> <input type="password" id="pw" />
```

보조기기 음성 출력 결과

- 암호 편집 창
- 비밀번호 암호 편집 창

여러 줄을 입력할 수 있는 텍스트 입력란은 '멀티라인 편집 창'이라고 음성으로 출력한다.

여러 줄을 입력할 수 있는
멀티라인 편집창

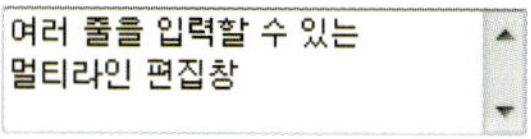

그림 187 여러 줄 입력란

```
<textarea cols="30" rows="5"></textarea>
<label for="reply">댓글</label> <textarea cols="30" rows="5"
id="reply"></textarea>
```

보조기기 음성 출력 결과

- 멀티라인 편집 창
- 댓글 멀티라인 편집 창

체크 박스와 라디오 버튼은 해제, 선택 상태를 먼저 알린다. 레이블이 연결된 경우는 '해제, 선택 상태 + 레이블 텍스트 + 입력 서식 유형'을 차례로 음성으로 출력한다.

```
<input type="checkbox" />
<input type="checkbox" checked="checked" />
<input type="radio" name="sms_agree" id="sms_yes" />
<label for="sms_yes">수신함</label>
<input type="radio" name="sms_agree" id="sms_no" checked="checked"
/>
<label for="sms_no">수신하지 않음</label>
```

보조기기 음성 출력 결과

- 해제 체크 박스
- 선택 체크 박스
- 해제 수신함 라디오 버튼
- 선택 수신하지 않음 라디오 버튼

선택 목록에 접근하면 '첫 번째 항목명 + 콤보 상자'라고 음성으로 출력한다. 각 항목을 탐색할 때는 '항목명 + 전체 항목 수 중 현재 읽고 있는 항목의 위치 + 전체 항목 수'를 음성으로 출력한다.

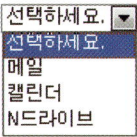

그림 188 선택 목록

```
<select>
<option>선택하세요</option>
<option>메일</option>
<option>캘린더</option>
<option>N드라이브</option>
</select>
```

보조기기 음성 출력 결과

- 선택하세요 콤보 상자
- 메일 이 사
- 캘린더 삼 사
- 엔드라이브 사 사

시각 장애인은 어떻게 웹을 탐색할까? **277**

시각 장애인은 어떻게 웹을 탐색할까?
시각 장애인이 원하는 콘텐츠에 쉽고 빠르게 접근하려면 어떻게 해야 할까?

시각 장애인은 웹 문서를 1차원으로 이해하고 처음부터 끝까지 순차적으로 탐색하기 때문에 정보를 습득하는 데 시간이 오래 걸린다. 그러나 다행히도 스크린 리더의 다양한 단축키를 활용해 제목, 표, 목록과 같은 콘텐츠에 빠르게 접근할 수 있다.

물론 스크린 리더 단축키만으로 편리한 웹 탐색이 보장되는 것은 아니다. 많은 양의 콘텐츠를 포함하는 웹 페이지를 탐색할 때 반복되는 내용을 건너뛰고 주 메뉴, 핵심 콘텐츠와 같은 주요 영역으로 빠르게 이동하길 원하기 때문이다. 쉽고 빠르게 웹을 탐색할 수 있도록 2부의 "콘텐츠 블록에 제목 지정하기(194쪽)"와 "건너뛰기 링크 지정하기(198쪽)"를 설명했다. 이 절에서는 2부에 소개된 내용을 기술적 관점에서 상세하게 설명하고자 한다.

01 제목 요소

제목 요소는 〈h1〉부터 〈h6〉까지 있으며 〈h1〉이 대제목을 나타내고 숫자가 커질수록 하위 제목을 의미한다. 제목 요소를 적절하게 사용하는 것은 마크업 개발에서 매우 기본적인 내용이지만 많은 웹 사이트에서 바르게 사용하지 못하고 있다. 문서 구조의 이해와 정확한 정보 전달을 돕는 제목 요소 사용법을 소개한다.

문서 구조를 이해하는 데 도움이 되는 제목

웹 콘텐츠는 기본적으로 '문서' 형태이기 때문에 제목 요소만 따로 뽑으면 '문서 목차'를 구성할 수 있다. 책을 살펴볼 때 목차로 글의 전반적인 내용을 파악하듯이 웹 콘텐츠에 사용된 제목 요소만으로도 문서의 구조나 전반적인 내용을 파악할 수 있어야 한다. 그림 189는 네이버 영화의 현재 상영 영화 목록을 보여 주는 화면이고, 그림 190은 그림 189에 표시된 제목 요소만 추출해 목차로 구성한 화면이다.

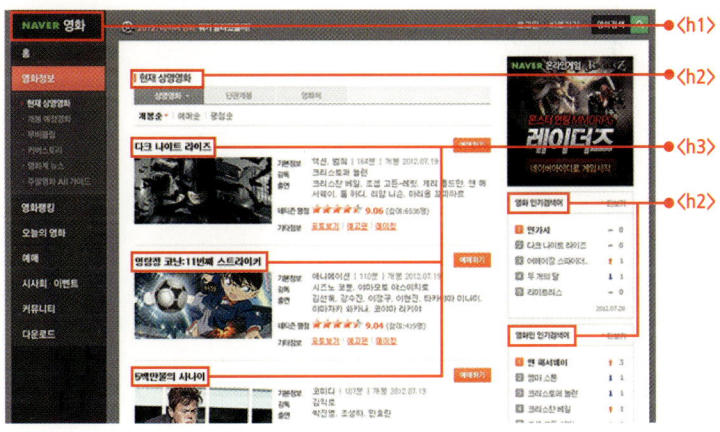

그림 189 네이버 영화의 제목 제공 예

```
<h1> - 네이버 영화
    <h2> - 현재 상영영화
        <h3> - 다크나이트 라이즈
        <h3> - 명탐정 코난:11번째 스트라이커
        <h3> - 5백만불의 사나이
    <h2> - 영화 인기검색어
    <h2> - 영화인 인기검색어
```

그림 190 그림 189에 표시된 제목 요소로 구성한 목차

그림 190에서 알 수 있는 것처럼 콘텐츠의 상하위 관계를 고려해 제목 요소를 사용하면 콘텐츠의 내용과 구조를 쉽게 파악할 수 있다.

정확한 정보를 전달하기 위한 제목

화면에 표시된 제목을 제목 요소로 제공하는 것은 그리 어려운 일이 아니다. 하지만 화면을 볼 수 없어도 콘텐츠를 바르게 이해하려면 숨겨진 제목이 필요한 경우도 있다. 그림 191은 탭 메뉴와 탭 콘텐츠로 구성된 일반적인 정보 구조의 예다. 화면에서 표시된 탭 콘텐츠가 오픈 백과와 관련이 있다는 점을 쉽게 알 수 있다. 하지만 마크업 구조상 탭 메뉴와 탭 콘텐츠가 연결돼 있지 않다면 스크린 리더로는 탭 콘텐츠가 오픈 백과와 관련이 있다는 것을 확신할 수 없다.

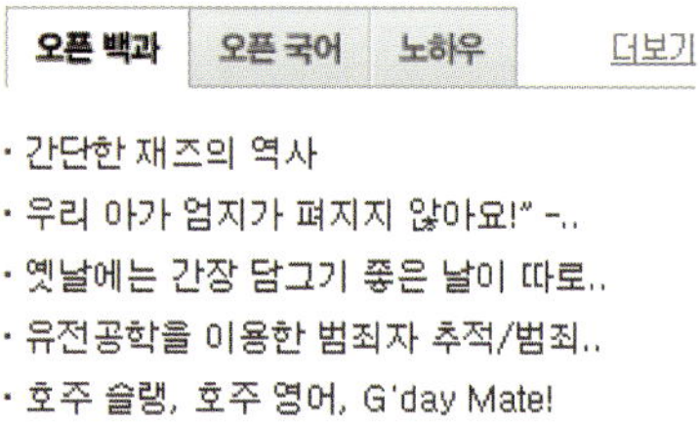

| 오픈 백과 | 오픈 국어 | 노하우 | 더보기 |

- 간단한 재즈의 역사
- 우리 아가 엄지가 펴지지 않아요!" -..
- 옛날에는 간장 담그기 좋은 날이 따로..
- 유전공학을 이용한 범죄자 추적/범죄..
- 호주 슬랭, 호주 영어, G'day Mate!

그림 191 탭 메뉴와 탭 콘텐츠로 구성된 정보 구조의 예

이 문제를 해결하기 위해 탭 메뉴를 제목 요소로 제공하고 '탭 메뉴1 → 탭 콘텐츠1 → 탭 메뉴2 → 탭 콘텐츠2' 순서로 마크업할 수는 있지만 그림 191과 같은 모양으로 화면에 배치하기가 어렵다. 제목 요소를 활용하는 것이 간단하면서도 정보 전달에 문제가 없는 방법이다. 아래 제시한 코드와 같이 탭 콘텐츠를 시작하기 전에 선택된 탭 메뉴와 같은 텍스트의 제목을 제공하고, 화면에는 보이지 않지만 스크린 리더로는 인식할 수 있는 스타일이 지정된 클래스를 제목에 선언한다.

```
<style>
.blind{overflow:hidden;position:absolute;top:0;left:0;width:0;
height:0;font-size:0;line-height:0}
</style>

<ul>
<li><a href="…">오픈 백과</a></li>
<li><a href="…">오픈 국어</a></li>
<li><a href="…">노하우</a></li>
</ul>
<h5 class="blind">오픈 백과</h5>
<ul>
<li><a href="…">간단한 재즈의 역사</a></li>
…
</ul>
```

02 건너뛰기 링크

스크린 리더를 사용하는 시각 장애인이 네이버 지식iN 서비스에 접근했다고 가정해보자. 지식iN 서비스 내의 여러 페이지를 이동하면서 콘텐츠를 탐색할 때 매번 반복적으로 거치는 콘텐츠가 있다. 바로 그림 192의 GNB(Global Navigation Bar), LNB(Local Navigation Bar), 로고, 검색 창

등을 포함한 헤더 영역이다. 순차적으로 콘텐츠를 탐색하는 환경에서 페이지마다 반복되는 콘텐츠를 거쳐야 하는 것은 매우 번거로운 일이다. 따라서 콘텐츠 시작 부분에 건너뛰기 링크를 제공해 핵심 콘텐츠에 바로 접근할 수 있게 하는 것 역시 시각 장애인의 웹 탐색을 돕는 방법이다.

그림 192 네이버 지식iN 서비스의 헤더 부분

건너뛰기 링크를 구현할 때 고려해야 할 점은 다음과 같다.

- 건너뛰기 링크는 모든 콘텐츠보다 먼저 선언해야 한다.
- 건너뛰기 링크의 목적지는 핵심 콘텐츠를 정확하게 가리키고 있어야 한다.

아래는 이 두 가지를 고려한 마크업의 예다.

```
<a href="#content" class="skip">본문 바로가기</a>
반복되는 콘텐츠
<div id="content">
        본문
</div>
```

03 HTML 5 구조 요소

일반적인 웹 문서는 헤더, 푸터, 본문, 부가 정보와 같은 몇 가지 주요 영역으로 구성된다. 하지만 HTML 4.0까지는 문서의 구조를 웹 브라우저와 스크린 리더가 이해할 수 있는 방법으로 선언할 마크업 요소가 없었다. 그림 193과 같이 화면으로 보는 웹 콘텐츠는 영역의 크기와 배치를 통해 문서 구조를 이해하는 것이 어렵지 않다.

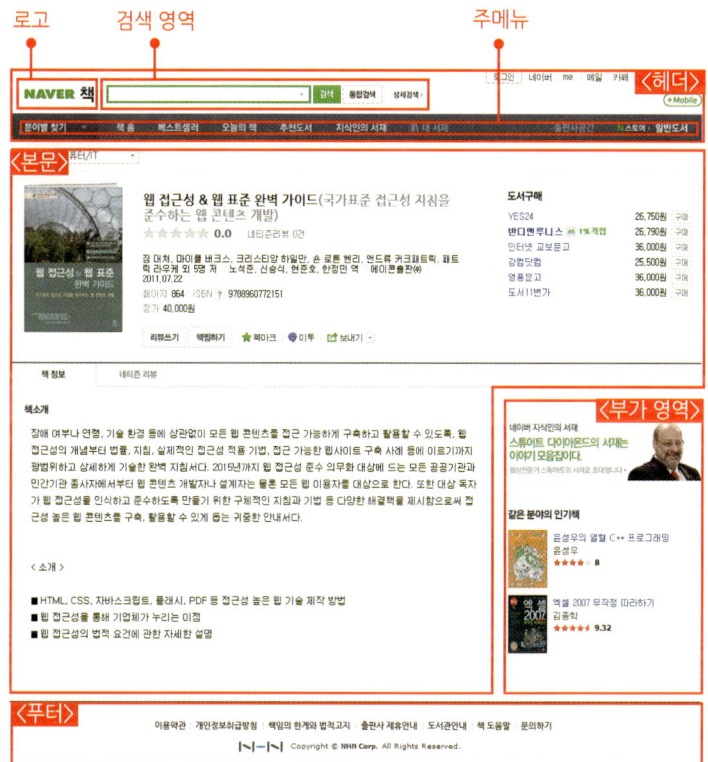

그림 193 네이버 책 상세 페이지의 문서 구조

하지만 눈으로 레이아웃을 확인할 수 없는 스크린 리더 환경에서는 각 영역을 제목 요소로 구분하지 않는 이상 어디서부터 어디까지가 본문인지, 주 메뉴와 부 메뉴가 무엇인지 파악하기가 쉽지 않다. 차세대 웹 표준인 HTML 5에서는 이와 같은 문제점을 보완하기 위해 문서 구조를 웹 브라우저가 인식할 수 있도록 구조 요소가 추가됐다.

구조 요소의 종류와 의미

HTML 5에서 추가된 구조 요소는 표 8과 같다.

표 8 HTML 5 구조 요소

요소	설명
<article>	페이지에서 독립 콘텐츠로 분리 가능한 영역으로 블로그 포스팅, 댓글 등이 해당된다.
<aside>	주요 콘텐츠와 직접적인 관련이 없는 영역으로 관련 사이트 링크, 광고 등이 해당된다.
<footer>	저자 정보, 관련 문서 링크, 저작권 등이 해당된다.
<header>	웹 문서의 도입부로 콘텐츠 블록의 제목, 목차, 검색 창, 로고 등이 해당된다.
<nav>	페이지의 주요 내비게이션으로 LNB(Local Navigation Bar), SNB(Side Navigation Bar), 목차, 페이지 내비게이션 등이 해당된다.
<section>	범용적인 콘텐츠 그룹으로 제목을 포함한다.

네이버 책 상세 페이지를 HTML 5 구조 요소로 나타내면 그림 194와 같다.

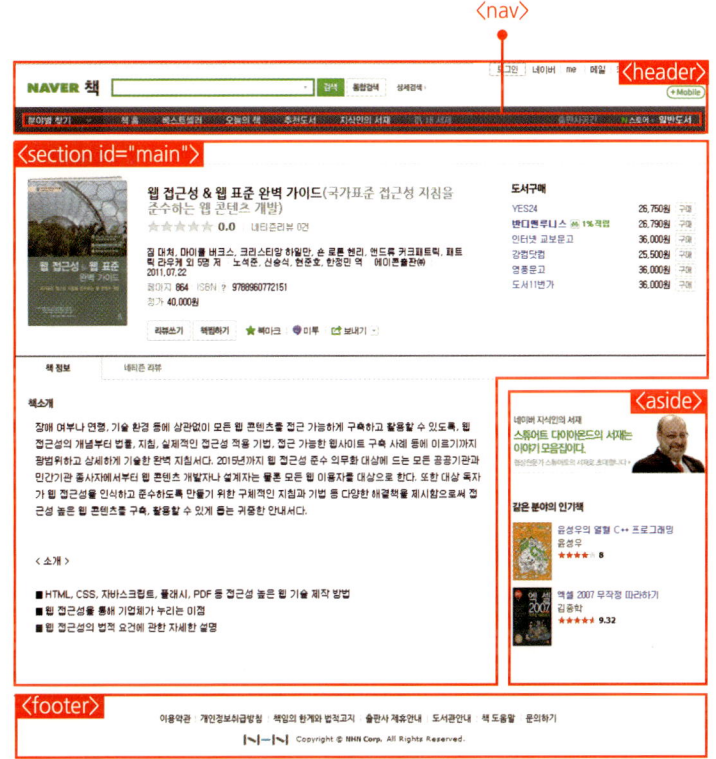

그림 194 네이버 책 상세 페이지를 HTML 5 구조 요소로 나타낸 예

웹 브라우저 및 스크린 리더의 지원 현황

대부분의 웹 브라우저가 구조 요소를 지원하고 있지만 국내 시각 장애인이 주로 사용하는 인터넷 익스플로러 8은 구조 요소를 전혀 지원하지 않고 있다. 또한 HTML 5를 정상적으로 지원하는 스크린 리더가 없어 현실적으로 시각 장애인의 웹 탐색에 도움을 주지 못하는 상황이다. 다음에서는 구조 요소의 한계를 보완할 수 있는 '랜드마크 롤'을 소개한다.

04 랜드마크 롤

랜드마크 롤(Landmark Roles)은 WAI-ARIA(Web Accessibility Initiative - Accessible Rich Internet Application) 1.0에서 정의한 역할(Roles) 종류 중 하나로, 주요 탐색 영역을 지정하는 속성이다. 앞서 다뤘던 건너뛰기 링크가 핵심 콘텐츠로 이동하는 제한적인 기능을 제공했다면 랜드마크 롤은 검색 창이나 주 메뉴, 부가 영역까지 이동할 수 있다는 장점이 있다. 아래는 폼 요소에 검색 역할을 하는 랜드마크 롤을 선언한 예다.

```
<form role="search">
```

랜드마크 롤의 종류와 의미

랜드마크 롤의 종류와 의미는 표 9와 같다.

표 9 랜드마크 롤

랜드마크 롤	의미
application	네이버 오피스와 같은 웹 애플리케이션 영역이다.
banner	웹 사이트의 로고나 웹 페이지의 제목이 표시되는 영역이다. 웹 페이지나 application 롤 영역 내에 한 번만 선언할 수 있다.
complementary	본문 영역과 분리돼 부가적인 정보를 나타내는 영역이다.
contentinfo	저작권이나 정책 링크를 포함하는 문서 정보 영역이다. 웹 페이지나 application 롤 영역 내에 한 번만 선언할 수 있다.
form	정보를 입력하고 전송하기 위한 영역이다. 단, 검색 영역은 search 롤을 선언한다.
main	본문 영역으로, 웹 페이지나 application 롤 영역 내에 한 번만 선언할 수 있다.

랜드마크 롤	의미
navigation	메뉴 영역이다.
search	검색 영역이다.

HTML 5 섹션 요소를 표시한 네이버 책 상세 페이지에 랜드마크 롤을 추가한다면 그림 195와 같다.

그림 195 네이버 책 상세 페이지에 랜드마크 롤을 추가한 예

랜드마크 롤과 HTML 5의 섹션 요소의 역할이 많이 중복되는 것을 알 수 있다. 표 10은 랜드마크 롤에 대응하는 HTML 5의 구조 요소를 설명한다.

표 10 랜드마크 롤에 대응하는 HTML 5 요소

랜드마크 롤	HTML 5 구조 요소
application	정확히 대응하는 요소는 없으며 일반적으로 〈div〉 요소에 선언할 수 있다.
banner	정확히 대응하는 요소는 없으나 페이지 내의 주요 〈header〉 요소 한 개에 선언할 수 있다.
complementary	〈aside〉 요소에 대응한다.
contentinfo	정확히 대응하는 요소는 없으나 페이지 내의 주요 〈footer〉 요소 한 개에 선언할 수 있다.
form	〈form〉 요소에 대응한다.
main	정확히 대응하는 요소는 없으며 일반적으로 〈div〉, 〈section〉, 〈article〉 요소에 선언할 수 있다.
navigation	〈nav〉 요소에 대응한다.
search	정확히 대응하는 요소는 없으며 일반적으로 〈div〉나 〈form〉 요소에 선언할 수 있다.

HTML 5 구조 요소와 랜드마크 롤은 역할이 중복되지만 성격은 다르다. HTML 5의 구조 요소는 HTML 문서를 구성하는 요소의 일부이며, 랜드마크 롤은 HTML 요소에 이정표 역할을 하는 속성이다. 따라서 문서의 구성 요소를 먼저 의미에 맞게 작성하고 스크린 리더를 지원하기 위해 랜드마크 롤을 선언하는 것이 좋다. 이후에 스크린 리더에서 HTML 5 구조 요소를 독립적으로 지원한다면 랜드마크 롤은 삭제해도 무방하다. 또한 두 개의 성격이 다르기 때문에 랜드마크 롤은 반드시 HTML 5가 아니더라도 사용할 수 있다.

웹 브라우저 및 스크린 리더의 지원 현황

랜드마크 롤은 HTML 5에 비해 웹 브라우저와 스크린 리더의 지원율이 높다. 인터넷 익스플로러 7 이하의 웹 브라우저를 제외한 모든 웹 브라우저가 랜드마크 롤을 지원하고 있으며 국내 스크린 리더인 센스리더를 제외한 iOS의 VoiceOver 및 JAWS, NVDA와 같은 주요 스크린 리더에서 사용할 수 있다. 표 11은 랜드마크 롤을 지원하는 스크린 리더에서 테스트한 음성 출력 결과다.

표 11 해외 스크린 리더의 랜드마크 롤 음성 출력 결과

랜드마크 롤	JAWS 13	NVDA 2012 2.1	VoiceOver
application	"application landmark"	N/A	랜드마크 시작/끝
banner	"banner landmark"	"banner landmark"	
complementary	"complementary landmark"	"complementary landmark"	
contentinfo	"contentinfo landmark"	"contentinfo landmark"	
form	"form landmark"	N/A	
main	"main landmark"	"main landmark"	
navigation	"navigation landmark"	"navigation landmark"	
search	"search landmark"	"search landmark"	

제목 요소와 건너뛰기 링크는 지금 당장 적용해 시각 장애인이 웹을 탐색하는 데 도움을 줄 수 있다. 반면, HTML 5 구조 요소와 랜드마크 롤은 국내 스크린 리더의 지원이 매우 시급하다. 하지만 스크린 리더가 지원해 주길 마냥 기다리기보다 사용할 수 있는 범위 내에서 조금씩 적용해 보는 것은 어떨까? 스크린 리더가 HTML 5 구조 요소와 랜드마크 롤을 지원하는 순간 시각 장애인이 웹을 탐색하는 데 바로 도움을 줄 수 있을 것이다.

시각 장애인은 어떻게 웹을 탐색할까?
스크린 리더로 좀 더 의미 있는 테스트를 해 보고 싶다면?

웹 접근성을 보장하고 검증하는 가장 좋은 방법은 장애 환경을 스스로 체험해 보는 것이다. 시각 장애인이 어떤 부분에서 어떤 문제가 발생하는지 정확하게 알기 위해서는 스크린 리더로 꼭 테스트해 볼 것을 권장한다. 이 절에서는 국내 시각 장애인이 가장 많이 사용하는 스크린 리더인 센스리더를 기준으로 웹 개발자들에게 필요한 내용을 설명한다.

01 설치 및 실행

1. 엑스비전테크놀로지 자료실(http://www.xvtech.com/xvtech/?mid=data) 에서 최신 버전의 센스리더를 다운로드한다.
라이선스가 없으면 데모 상태로 30분만 사용할 수 있으며, 테스트에 제약이 있을 수 있다.
2. 다운로드한 파일을 압축 해제한 뒤 'setup.exe'를 실행한다.

그림 196 설치 파일 실행

3. 안내에 따라 설치를 진행한다. 설치 완료 후 윈도우를 다시 시작한다. 참고로 센스리더는 윈도우 환경에서만 사용할 수 있다.

4. 작업 표시줄(또는 시스템 트레이)에서 헤드폰 모양 아이콘 🎧 을 클릭하거나 **Ctrl + Alt + S**를 눌러 센스리더를 실행할 수 있다.

02 기본 환경 설정하기

음성 조절

센스리더 설치 후 아무런 설정을 하지 않으면 음성이 매우 빠르게 출력되어 인식하기 어렵다. 초보 사용자도 쉽게 콘텐츠를 인식할 수 있게 음성 출력 속도를 조정한다.

1. 작업 표시줄(또는 시스템 트레이)에서 헤드폰 모양 아이콘 🎧 을 클릭해 센스리더 메뉴를 활성화한다.

그림 197 시스템 트레이의 센스리더 아이콘

2. 센스리더 메뉴에서 **파일 > 기본 환경 열기**를 선택한다.

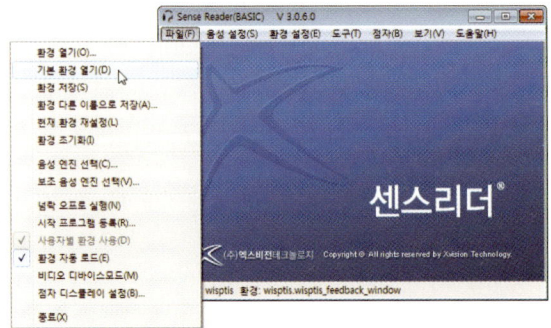

그림 198 센스리더 환경 설정

3. 센스리더 메뉴 창의 상태 표시줄에 환경 값이 XVSRD인지 확인한 후 **음성 설정 > 음성 출력**을 선택한다.

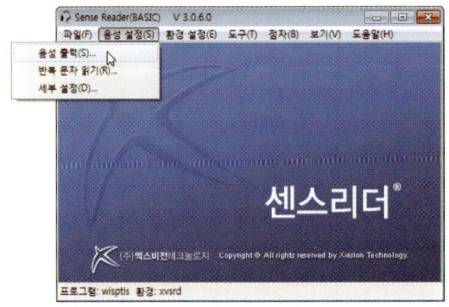

그림 199 음성 설정

4. 음성 출력 설정 창에서 속도/높이/크기를 알맞게 조정하고 **확인**을 클릭한다.

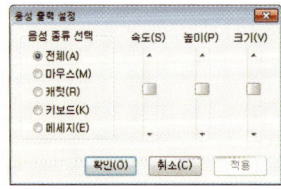

그림 200 음성 출력 설정

5. 센스리더 메뉴에서 **파일 > 환경 저장**을 선택한다.

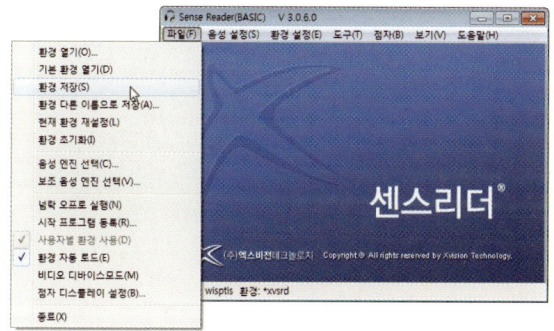

그림 201 설정 환경 저장

6. 기본 환경 저장 확인 창이 나타나면 **예**를 클릭한다.

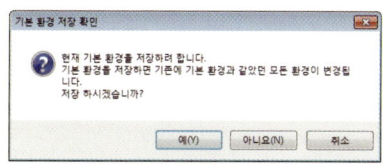

그림 202 기본 환경 저장 확인

시작 프로그램 등록/해제

다음은 윈도우를 시작할 때 센스리더가 항상 실행되는 것을 원하지 않을 때의 설정이다.

1. 작업 표시줄(또는 시스템 트레이)에서 헤드폰 모양 아이콘 을 클릭해 센스리더 메뉴를 활성화한다.
2. 센스리더 메뉴에서 **파일 > 시작 프로그램 등록**을 선택한다.

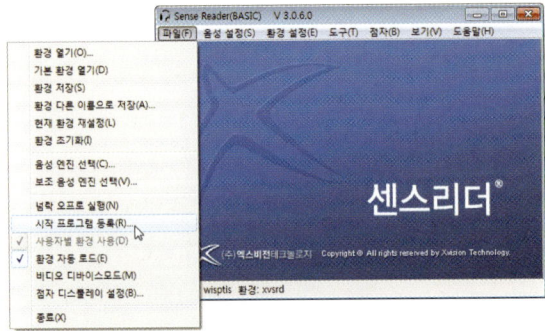

그림 203 시작 프로그램에 등록

3. 시작 프로그램 설정 창이 뜨면 **시작 안함** 옵션을 선택하고 **확인**을 클릭한다.

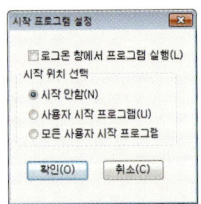

그림 204 시작 프로그램에서 해제

가상 커서 설정

가상 커서는 웹 페이지를 문서 편집기처럼 탐색할 수 있게 재구성해 다양한 키 조작으로 포커스를 이동할 때의 커서 위치를 말한다. 가상 커서 설정에 따라 음성 출력 결과가 매우 다르기 때문에 시각 장애인의 기본 설정을 참고하는 것이 좋다. 가상 커서 설정은 로그인 상태에서만 이용할 수 있다.

1. 센스리더에서 사용할 수 있는 웹 브라우저인 인터넷 익스플로러를 실행한다.
2. 인터넷 익스플로러가 활성화된 상태에서 **Shift + Ctrl + F9**를 눌러 가상 커서 설정을 실행한다.

그림 205 가상 커서 설정

3. 표 12와 같이 가상 커서를 설정한다. 방향키로 항목을 이동할 수 있고 스페이스 바로 설정 값을 변경할 수 있다.

표 12 개발자를 위한 가상 커서 권장 설정

설정 항목	설정 값	설명
링크 속성 읽기	선택	방문 여부, 링크 유형을 알림
자동 포커스	선택	가상 커서와 화면의 커서 위치를 일치시킴. 시각 장애인은 해제로 설정하는 것이 일반적이지만 테스트를 위해 선택 값으로 설정
가상커서 시 편집 창 입력	선택	가상 커서 설정 상태에서 바로 편집 창 입력 가능
이미지 읽기	모두 읽기	\<img\> 요소를 모두 읽음
페이지 이동 줄	25	페이지를 나누는 기준
줄 크기	100	한 줄의 최대 크기
툴팁 읽기	해제	\<a\> 또는 \<img\> 요소에 선언된 title 속성을 읽지 않음
숨긴 내용 읽기	해제	display:none 스타일이 적용된 콘텐츠를 읽지 않음
새 페이지 자동 읽기	해제	새로 열린 페이지의 콘텐츠를 자동으로 읽지 않음
단축키 읽기	선택	accesskey 속성에 지정된 값을 단축키로 알림
생략어, 두문자어 읽기	해제	\<abbr\>, \<acronym\> 요소를 '생략어', '두문자어'로 읽지 않음

설정 항목	설정 값	설명
생략어, 두문자어 설명 읽기	해제	⟨abbr⟩, ⟨acronym⟩ 요소의 title 속성을 읽지 않음
외부 개체 시작, 끝 읽기	선택	플래시, 미디어 플레이어 접근 시 알림
폼 시작, 끝 읽기	선택	⟨form⟩ 요소를 '폼'으로 읽음
필드셋 시작, 끝 읽기	선택	⟨fieldset⟩ 요소를 '필드셋'으로 읽음
제목 읽기	선택	⟨h1⟩~⟨h6⟩ 요소를 '헤딩'으로 읽음
언어 변경 시 엔진 변경	선택	lang 속성 값에 맞는 언어로 음성 엔진을 변경
언어 변경 시작, 끝 읽기	선택	lang 속성이 변경된 지점 알림
목록 시작, 끝 읽기	선택	⟨ol⟩, ⟨ul⟩, ⟨dl⟩ 요소를 '목록'으로 읽음
이미지 설명 읽기	선택	이미지의 longdesc 속성이 제공된 경우 '설명 있음'으로 읽음
표 시작, 끝 읽기	선택	⟨table⟩ 요소를 '테이블'로 읽음
셀 주소 읽기	읽지 않기	셀 위치를 읽지 않음
미디어 객체 읽기	선택	Windows Media Player(윈도우 미디어 플레이어) 컨트롤(되감기, 일시 정지, 볼륨 조절) 알림
새 창 링크 읽기	선택	링크의 target 속성이 blank로 지정된 경우 '새 창'으로 읽음
변경 내용 자동 구성	선택	콘텐츠가 자동으로 갱신된 내용 반영
숨긴 콘트롤 알림	해제	사용할 수 없는 폼 콘트롤 요소를 '사용 불가'로 읽지 않음
미디어 이동 시간	3초	Windows Media Player(윈도우 미디어 플레이어)에서 되감기/빨리 감기의 이동 간격

03 키보드 명령어

센스리더는 효율적인 웹 탐색을 위해 방향키 외에도 다양한 키보드 명령을 제공한다. 접근성 테스트에 유용하게 사용되는 센스리더의 주요 키보드 명령어를 소개한다.

표 13 센스리더 프로그램 실행/종료 키

설명	입력 키
프로그램 실행	Ctrl + Alt + S
프로그램 종료	Insert + F4

표 14 센스리더 웹 페이지 기본 탐색 키

설명	입력 키
이전 줄로	↑
다음 줄로	↓
현재 줄 읽기	Ctrl + Shift + I
이전 단어로	Ctrl + ←
다음 단어로	Ctrl + →
현재 단어 읽기	Ctrl + Shift + K
이전 글자로	←
다음 글자로	→
현재 글자 읽기	Ctrl + Shift + ,(콤마)
윈도우 제목 읽기	Ctrl + Shift + T
현재 페이지 정보 읽기	Ctrl + F9

설명	입력 키
문서 처음으로	Ctrl + Home
문서 끝으로	Ctrl + End
연속 읽기	F11
연속 읽기 중지	Esc
음성 출력 내용 확인	F12

표 15 센스리더 요소별 탐색 키

설명	입력 키
다음 입력 서식(편집 창, 버튼, 체크박스, 라디오 버튼, 선택 목록) 요소	Ctrl + F2
이전 입력 서식(편집 창, 버튼, 체크박스, 라디오 버튼, 선택 목록) 요소	Ctrl + Shift + F2
다음 테이블	Ctrl + F3
이전 테이블	Ctrl + Shift + F3
다음 링크가 아닌 텍스트	Ctrl + F4
이전 링크가 아닌 텍스트	Ctrl + Shift + F4
다음 제목	Ctrl + F6
이전 제목	Ctrl + Shift + F6
다음 편집 창	Ctrl + F8(F2)
이전 편집 창	Ctrl + Shift + F8(F2)
다음 링크	Ctrl + '(아포스트로피)
이전 링크	Ctrl + Shift + '(아포스트로피)

설명	입력 키
다음 방문한 링크	Ctrl + ;(세미콜론)
이전 방문한 링크	Ctrl + Shift + ;(세미콜론)
링크 목록 보기	Ctrl + L
다음 프레임	Ctrl + Tab
이전 프레임	Ctrl + Shift + Tab
프레임 목록 보기	Alt + Shift + W

표 16 센스리더 테이블 탐색 키

설명	입력 키
위 셀로 이동	Ctrl + Alt + ↑
아래 셀로 이동	Ctrl + Alt + ↓
왼쪽 셀로 이동	Ctrl + Alt + ←
오른쪽 셀로 이동	Ctrl + Alt + →
현재 셀 위치 읽기	Ctrl + Alt + Enter

표 17 센스리더 입력 서식 조작 키

설명	입력 키
체크박스, 라디오 버튼 선택/해제	스페이스 바
선택 목록 탐색	Ctrl + ↑ / Ctrl + ↓

색인

[숫자와 기호]

1차원	278
2차원 정보	108, 112
3:1	132, 135, 136
4.5:1	132, 136
\<a\>	202, 210
\<area\>	66
\<caption\>	108, 110, 111, 113, 271, 272
\<h1\>	194, 279
\<h1\>~\<h6\>	196
\<h6\>	194, 279
\<iframe\>	190
\<img\>	66
\<input type="image"\>	66
\<label\>	216, 218, 220, 221
\<table\>	108, 111, 112, 120, 251, 252
\<td\>	108, 111, 251
\<th\>	108, 111, 112, 120, 251
\<thead\>	251
\<title\>	184, 188

[ㄱ]

가상 커서	294
개발자 도구	46, 122, 131
갤럭시	235
건너뛰기 링크	281, 282, 289
게임	242, 243
경고 창	224, 225, 226, 227
계층 관계	118, 119
고대비	132
고령자	30
공유가치창출(Creating Shared Value)	29
광과민성 발작	152, 155, 157
구조 요소	283, 284, 287
그래프	72, 73, 96, 250, 252
그래픽	66, 77
그림	70, 71
깜박임	152, 154, 155

[ㄴ - ㄹ]

내용 셀(\<td\>)	108, 110, 112, 272
노년층	30
노령화	30
논리적 순서	33, 116, 170, 174, 175
다이어그램	72, 73
단축키	176
닫힌 자막	84, 85
대체 수단	90

색인

대체 텍스트	66, 68, 69, 70, 71, 72, 74, 75, 76, 77, 78, 79, 80, 100, 230, 244, 245, 246
동영상	155, 156, 244, 245
동영상 플레이어	130
동영상 플레이어(플래시)	165
드래그 앤드 드롭	158, 167, 168
디지털 정보	229, 231
라디오 버튼	162, 214, 216, 218, 276
랜드마크 롤	286, 287, 288, 289
레이블	216, 219, 220, 221, 274
레이어	163, 164, 172, 173, 211, 215
링크	160, 161, 180, 181, 202, 204, 267
링크 텍스트	204, 205, 207

[ㅁ]

마우스	158
마크업	33
마크업 개발자	33, 38
마크업 언어	102
메뉴	161
명도 대비	132, 134, 135, 136, 256
명도 대비 4.5:1	57
모바일	30, 234
모바일 애플리케이션	235
모바일 애플리케이션 접근성 지침	235

목록	269
문법 오류	102, 104, 107
발작	152
방향 키	163, 166, 169
배경색	56, 136
배경 이미지	68, 69, 75, 79
배너	154, 156
버튼	160, 161, 180, 181, 266
번쩍임	152, 154, 155
보조기기	66, 265
불릿	75

[ㅅ]

사진	70, 71
새로 고침	144, 145
새 창	208, 210
새 창 링크	267
색상	94, 97, 98, 132, 134, 135, 136, 256
선택 목록	162, 214, 216, 218, 276
섬네일	246
세션 만료	142
섹션 508	49
센스리더	60, 61, 265, 290
속성 선언	105
수화	82, 84, 85, 86, 88, 89
스마트폰	234, 235

색인

스크롤	167
스크린 리더	60, 66, 265, 289, 290
스페이스 바	160, 163, 166, 169
시각 장애인	66, 82, 90, 94, 230, 232, 264, 265, 278
시각 장애 환경	87, 90, 116
시간 제한	138, 142, 145
시세 표의 셀 탐색 예	272
시스템 버튼	180
시스템 텍스트	134, 135
시작 태그	104
실시간 갱신 콘텐츠	254, 255

[ㅇ]

아이콘	69
아이폰	235
암호 입력란	218
액세스 가능성 패널	174
에디터	176
여러 줄 입력란	218
열린 자막	85
영상	82, 84, 85, 86, 87, 89
오디오 플레이어	130
온라인 서식	198
원고	82, 84, 85, 88, 89, 244
웹 문서(Web Document)	102, 194, 238
웹 애플리케이션	238, 241
웹 접근성	23
웹 접근성 프로젝트	30
웹 콘텐츠	194
웹툰	230
웹 페이지 제목	184, 186, 188, 189
유효성 검사	49
음성	82, 84, 86, 88, 89
음성 제어하기	128
음성 캡차	92, 93
음향 효과	94
의도하지 않은 기능	208, 215
이미지 캡차	92, 93
이미지 텍스트	68, 134, 135
인터넷 익스플로러	46, 76
입력 서식	100, 101, 162, 163, 180, 181, 216, 218, 219, 220, 221, 222, 224, 227
입력 오류	222, 224, 227

[ㅈ - ㅊ]

자동 갱신 콘텐츠	148, 151
자동 재생	128
자동 전환	145
자막	82, 84, 85, 89, 244, 245
장애인	29, 234
장애인차별금지 및 권리구제 등에 관한 법률	22
장애인차별금지법	22, 28, 234, 245

재생 정지 기능	130	**[ㅋ - ㅎ]**	
적록색맹(Red-green blindness)	257	캡차	90
전경색	56, 136	콘텐츠 블록 제목	194, 196, 197
전경 이미지	78	키보드	158, 161
점자 정보 단말기	66	키보드 접근성	165
접근성 API	238, 239	탭 인덱스(Tab Index)	174
정보통신	234	텍스트 입력란	162, 216, 218
제목	268	텍스트 크기	134, 135
제목 셀(⟨th⟩)	108, 110, 112, 272	툴팁	76, 163
제목 요소	281, 289	파일 찾기 버튼	216, 218
제휴 콘텐츠	244, 245	팝업	208, 211, 215
종료 태그	104	패턴	258
주 사용 언어	124, 126	페이지 내비게이션	98
중복 id	106	페이지 자동 전환	140, 141
지도	230, 232	포커스	170, 172, 173, 175, 178, 182, 225, 226, 227
지시 수단	101	표	108, 110, 271
지시 정보	99, 101	프레임	270
창 모드(wmode)	174, 260, 261, 262	프레임 제목	190, 192, 193
청각 장애	85	플래시	50, 66, 80, 174, 175, 260, 262
청각 장애인	82	확대/축소	167, 168
청각 장애 환경	88		
체크리스트	32, 42		
체크 박스	162, 214, 216, 218, 276		

색인

[A - E]

Ajax	33, 238
Ajax/웹 개발자	33, 40
alt 속성	68, 69, 70, 71, 72, 73, 74, 75, 76, 77, 78, 265, 268
aria-haspopup 속성	239
aria-labeledby 속성	239
blind 클래스	205, 219
blur()	181, 182
CBML	232, 233
Contrast Ratio	56
Enter 키	160, 163, 164, 166, 169

[F - K]

for 속성	216, 218
Guide	57
HTML	102
HTML 5	240, 241, 283, 284, 287
HTML 5 구조 요소	282, 288, 289
id 속성	216, 218
KWCAG	26, 32, 256

[L - S]

lang 속성	124, 126
longdesc 속성	72
NHN A11Y(Accessibility) 사이트	26
N-WAX	42, 43, 78, 79, 107, 113, 114, 127, 136, 182, 189, 193, 197, 207, 221
NWCAG	42, 44
outline:none	181, 182
PEAT	52, 53, 156
QR 코드	74
readonly 속성	274
role 속성	239
scope 속성	111, 112, 114, 251, 272
summary 속성	108, 110, 111, 113, 271, 272

[T - W]

Tab 키	160, 161, 163, 166, 170, 172, 173, 176, 181
target 속성	210, 267
TFI	232
title 속성	76, 77, 190, 192, 193, 202, 216, 220, 221, 270
UGC	244
UI	33
UIA Verify	50, 80
UI 디자이너	33, 36, 37
UX	33
UX 디자이너	33, 34, 35
W3C Validation	107
WAI-ARIA	238, 239, 240, 241 286
WCAG	26
window.open()	210